쉽게 배우는
차이나로
중국어 회화

입문

Level 1

저자

孙茂玉(쑨마오위)

国立台湾政治大学中文系 졸업
한국관광공사 홍보 책자 다수 번역
서울지방경찰청, 대원외고, 삼성물산, 롯데 등 출강

전) 강남 CCC 중국어 학원 강사
전) 中华民国驻韩大使馆领事部(現 驻韩台湾代表部)
전) 차이나로 중국어학원 대표강사
전) 차이나로 중국어학원 교육실장
전) ㈜한솔차이나로 중국어학원 부원장
현) ㈜한솔차이나로 교육총감

차이나로 중국어 회화 Level 1 입문

초판발행	2013년 12월 26일
1판 9쇄	2022년 8월 10일
저자	차이나로 중국어 연구소, 孙茂玉
책임 편집	최미진, 가석빈, 엄수연, 高霞
펴낸이	엄태상
디자인	김지연
콘텐츠 제작	김선웅, 김현이, 유일환
마케팅본부	이승욱, 왕성석, 노원준, 조성민
경영기획	조성근, 최성훈, 정다운, 김다미, 최수진, 오희연
물류	정종진, 윤덕현, 신승진, 구윤주
펴낸곳	시사중국어사(시사북스)
주소	서울시 종로구 자하문로 300 시사빌딩
주문 및 문의	1588-1582
팩스	0502-989-9592
홈페이지	http://www.sisabooks.com
이메일	book_chinese@sisadream.com
등록일자	1988년 2월 12일
등록번호	제300-2014-89호

ISBN 978-89-7364-440-7 14720
　　　 978-89-7364-471-1(set)

* 이 책의 내용을 사전 허가 없이 전재하거나 복제할 경우 법적인 제재를 받게 됨을 알려 드립니다.
* 잘못된 책은 구입하신 서점에서 교환해 드립니다.
* 정가는 표지에 표시되어 있습니다.

머리말

중국어 교재 최초로 삽화를 통한 연상학습법을 사용한 『차이나로 中國語會話』 시리즈는 중국어를 배우고 가르치는 수많은 학습자와 선생님들로부터 아낌없는 찬사와 성원을 받아왔습니다. 차이나로 중국어 연구소는 이에 만족하지 않고 한 걸음 더 나아가 지난 20여 년간의 현장 강의 노하우와 교수 경험을 바탕으로 『차이나로 중국어회화』를 새롭게 출간하였습니다.

개정판 **차이나로 중국어회화** 시리즈는 중국어 학습자와 교수자의 요구에 최적화된 교재로, 중국어 회화를 "쉽게, 재미있게, 신나게, 확실하게, 생생하게, 자신있게" 구사 할 수 있도록 철저히 학습 환경 위주의 구성과 편집에 포커스를 맞추었다고 단언합니다.

본 교재는 크게 발음과 기본 문형으로 구성하여 초보 학습자가 보다 **쉽게** 중국어의 세계로 입문할 수 있도록 하였습니다. 중국의 평범한 가족을 캐릭터로 등장시켜 **본문**에서는 4마디로 이루어진 기본회화를 익힐 수 있도록 하였고, **어법포인트**에서는 필수적인 어법 요소들을 자세히 설명하였습니다. **그림학습**에서는 삽화를 통한 자유로운 연상 학습이 이루어질 수 있도록 하였으며, 기초적인 중국어 패턴과 어휘들을 활용하여 중국어 구사 능력의 확대를 가져올 수 있도록 하였습니다. **듣기훈련**과 **연습문제**를 통해 청취와 표현 능력을 향상하고, 다양한 확인 학습을 통해 완벽한 이해를 도울 수 있도록 하였습니다.

본 회화 시리즈의 **입문편**이 여러분의 중국어 학습을 성공적으로 이끄는 길라잡이가 되길 기대합니다.

2014년 1월
차이나로 중국어연구소
孙茂玉(쑨마오위)

차례

머리말 3
이 책의 활용법 6
발음 9

01 你好！ 안녕하세요! 24

02 他是谁? 그는 누구입니까? 32

03 这是什么? 이것은 무엇입니까? 40

04 你吃什么? 당신은 무엇을 먹습니까? 48

05 哪个大? 어느 것이 큽니까? 56

06 这是谁的? 이것은 누구의 것입니까? 64

07 好不好喝? 맛있습니까 맛없습니까? 72

08 哪国人? 어느 나라 사람입니까? 80

09	有没有?	있습니까 없습니까?	88
10	要几个?	몇 개 원합니까?	96
11	在哪儿?	어디에 있습니까?	104
12	几月几号?	몇 월 며칠입니까?	112
13	现在几点?	지금 몇 시입니까?	120
14	多少钱?	얼마입니까?	128
15	怎么去?	어떻게 갑니까?	136
16	什么时候回来?	언제 돌아옵니까?	144

부록 153

이 책의 활용법

课文 본문

그림을 통해 대화 내용을 연상할 수 있도록 하여, 상황에 맞는 중국어 회화 표현을 쉽게 익힐 수 있도록 하였습니다.

 **生词** 새로운 단어

본문과 그림학습에 등장한 새로운 어휘들로 구성하였습니다.

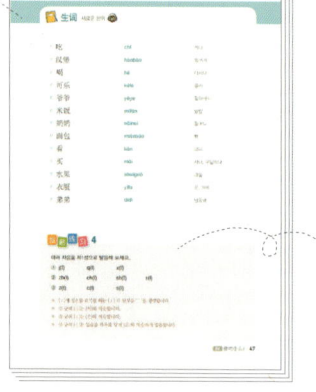

发音练习 발음 연습

중국어 학습자에게는 필수적인 발음연습을 각 과에 배치하여 중국어 발음을 완벽히 마스터할 수 있도록 하였습니다.

语法 어법 포인트

입문 단계에서 꼭 알아두어야 할 어법 포인트들을 정리하여 학습자가 정확한 문장을 구사할 수 있도록 하였습니다.

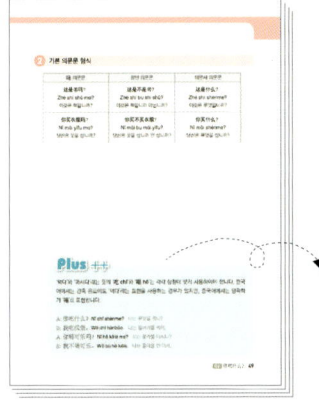

 Plus ++ 플러스

알아두면 더 재미있는 중국어 표현 상식을 간단히 소개하여 중국의 언어문화에 대한 이해를 도울 수 있도록 하였습니다.

看图学习 그림학습

그림을 통해 다양한 상황을 제시하여 핵심적인 중국어 패턴을 응용할 수 있도록 하였습니다. 또한, 그림을 보고 질문에 답하는 훈련을 통해 중국어로 표현할 때 자신감을 가질 수있도록 하였습니다.

 听力 듣기훈련

중국어 발음부터 간단한 회화까지, 중국어 듣기 능력을 탄탄히 다질 수 있도록 하였습니다.

练习 연습문제

다양한 형식의 문제를 통해 각 과에서 학습한 내용을 중심으로 핵심 표현 및 어법 포인트를 점검할 수 있도록 하였습니다.

发音 **발음**

发音 발음

중국어의 발음(汉语拼音)

우리말은 소리 나는 대로 표기하여 의미를 전달하는 소리글자이지만, 중국어는 하나하나의 글자가 일정한 뜻을 나타내는 뜻글자입니다. 그래서 중국에서는 중국어의 소리를 나타내기 위한 발음 표기법인 '한어병음(汉语拼音)'을 제정하여 사용하고 있습니다. 한어병음은 알파벳 로마자를 사용하여 표기하지만 영어 알파벳과 발음이 다르므로 주의해야 합니다.

중국어의 문자(简体字)

본래 중국에서 사용하던 한자는 '번체자(繁体字)'라고 하며, 번체자의 복잡하고 어려운 부분을 간소화한 것을 '간체자(简体字)'라고 합니다. 중국에서는 간체자를 사용하지만, 우리나라와 타이완 등에서는 여전히 번체자를 사용하고 있습니다.

중국어의 표준어(普通话)

땅이 넓고 민족이 다양한 중국에서는 지역마다 각기 다른 방언을 사용하고 있어 의사소통에 어려움을 겪는 일이 많습니다. 중국 정부는 이를 해결하기 위해 널리(普) 통하는(通) 말(话)이라는 뜻의 '보통화(普通话)'를 표준어로 제정하여 중국의 공식 언어로 사용하고 있습니다.

중국어의 성조(声调)

중국어는 글자마다 각기 고유한 높낮이를 가지고 있는데, 이를 '성조(声调)'라고 합니다. 성조는 제1성, 제2성, 제3성, 제4성으로 이루어져 있으며, 같은 발음이라도 성조에 따라 의미가 달라지는 경우가 있으므로 주의하여야 합니다.

4성	성조표기		발음 요령
제1성	ā		'솔'의 음높이로 평평하고 길게 이어지는 소리
제2성	á		'미'의 음높이에서 단숨에 짧고 빠르게 '솔'의 음높이로 올라가는 소리
제3성	ǎ		'레'의 음높이에서 '도'로 내려가 자연스럽고 가볍게 '파'의 음높이로 올라가는 소리
제4성	à		'솔'의 음높이에서 힘을 주고 '도'의 음높이로 뚝 떨어지는 소리

发音 발음

자음(声母)

한어병음은 자음(声母)과 모음(韵母)으로 이루어져 있습니다. 중국어의 자음은 성모(声母)라고 합니다. 중국어 자음은 총 21개이며, 단독으로 쓰이지 않고 모음과 결합한 형태로만 사용됩니다.

■ 입술소리(唇音)

b 위아래 입술을 다물었다 [뽀]발음을 하여 [어]로 끝냅니다.

p 위아래 입술을 다물었다 [포]발음을 하여 [어]로 끝냅니다.

m 위아래 입술을 다물었다 [모]발음을 하여 콧소리를 섞여 [어]로 끝냅니다.

f 윗니를 아랫입술 안쪽에 살짝 붙였다가 떼는 영어의 [f]발음처럼 [포]발음을 하여 [어]로 끝냅니다.

■ 혀끝소리(舌尖音)

d 혀끝을 윗니 안쪽에 붙였다 [뜨]발음을 하여 [어]로 끝냅니다.

t 혀끝을 윗니 안쪽에 붙였다 [트]발음을 하여 [어]로 끝냅니다.

n 혀끝을 윗니 안쪽에 붙였다 [느]발음을 하여 [어]로 끝냅니다.

l 혀끝을 윗니 안쪽에 붙였다 영어의 [l]발음처럼 [르]발음을 하여 [어]로 끝냅니다.

■ 혀뿌리소리(舌根音)

g 아랫턱에 힘을 주어 목구멍소리로 [끄]발음을 하여 [어]로 끝냅니다.

k 아랫턱에 힘을 주며 목구멍소리로 [크]발음을 하여 [어]로 끝냅니다.

h 아랫턱에 힘을 주며 목구멍소리로 [흐]발음을 하여 [어]로 끝냅니다.

■ 혓바닥소리(舌面音)

j 강하고 길게 [찌]발음을 하여 [이]로 끝냅니다. 이때 혀끝은 윗니에 닿지 않아야 합니다.

q 강하고 길게 [치]발음을 하여 [이]로 끝냅니다. 이때 혀끝은 윗니에 닿지 않아야 합니다.

x 강하고 길게 [씨]발음을 하여 [이]로 끝냅니다. 이때 혀끝은 윗니에 닿지 않아야 합니다.

■ 혀 말은 소리(卷舌音)

zh 혀끝을 가볍게 말아 올려 부드럽게 [즈]발음을 합니다. 이때 혀는 입천장에 닿지 않아야 합니다.

ch	혀끝을 가볍게 말아 올려 부드럽게 [츠]발음을 합니다. 이때 혀는 입천장에 닿지 않아야 합니다.
sh	혀끝을 가볍게 말아 올려 부드럽게 [스]발음을 합니다. 이때 혀는 입천장에 닿지 않아야 합니다.
r	혀끝을 가볍게 말아 올려 부드럽게 영어의 [r]발음처럼 [르]발음을 합니다. 이때 혀는 입천장에 닿지 않아야 합니다.

■ 혀와 잇소리(舌齿音)

z	입술을 좌우로 당겨 혀끝을 윗니 뒷면에 살짝 대고 [쯔]발음을 합니다.
c	입술을 좌우로 당겨 혀끝을 윗니 뒷면에 살짝 대고 [츠]발음을 합니다.
s	입술을 좌우로 당겨 혀끝을 윗니 뒷면에 살짝 대고 [쓰]발음을 합니다.

무기음(不送气音)과 유기음(送气音)

무기음은 우리말의 'ㄱ, ㄷ, ㅂ, ㅈ, ㄲ, ㄸ, ㅃ, ㅉ'처럼 숨을 터뜨리지 않고 내는 소리이며, 유기음은 우리말의 'ㅊ, ㅋ, ㅌ, ㅍ'처럼 숨을 강하게 터뜨리면서 내는 소리입니다.

■ 무기음

b   d   g   j   zh   z

■ 유기음

p   t   k   q   ch   c

发音 발음

모음(韵母)

중국어의 모음은 운모(韵母)라고 합니다. 자음을 제외한 부분에 해당하며, 단독(단모음)으로 쓰일 때도 있고, 다른 모음과 결합(결합모음)하여 쓰일 때도 있습니다.

■ 단모음(単韵母)

a	입을 크게 벌리고 혀를 아래로 내려 길게 [아--]를 발음합니다.
o	[오]를 길게 발음하다 가볍게 [어]로 끝냅니다.
e	[으]를 길게 발음하다 가볍게 [어]로 끝냅니다.
i	입술을 좌우로 당겨 [이--]를 길게 발음합니다.
u	입술을 둥글게 하여 [우--]를 길게 발음합니다.
ü	[우]의 입술 모양을 유지한 채 [이]를 길게 발음합니다. [위]로 발음하지 않도록 주의합니다.

■ 권설모음(卷舌韵母)

er	입을 살짝 벌려 [어]를 발음하다 혀 끝을 위로 말아 올려 입천장에 닿지 않은 상태로 끝냅니다.

■ 복모음(复韵母)

ai	[아]를 강하고 길게 발음하다 입을 오므리며 [이]로 끝냅니다. [아이--]가 아니고 [아--이]로 발음합니다.
ei	[에]를 강하고 길게 발음하다 입을 오므리며 [이]로 끝냅니다.
ao	[아]를 강하고 길게 발음하다 입을 오므리며 [오우]로 끝냅니다.
ou	[어]를 길게 발음하다 입을 오므리며 [우]로 끝냅니다.

■ 비모음(鼻韵母)

an	[아]를 길게 발음하다 콧소리 섞인 [ㄴ]발음으로 끝냅니다.
en	[으어]를 길게 발음하다 콧소리 섞인 [ㄴ]발음으로 끝냅니다.
ang	입을 크게 벌려 [아]를 길게 발음하다 가볍게 콧소리 [ㅇ]발음으로 끝냅니다.
eng	[으어]를 길게 발음하다 가볍게 콧소리 [ㅇ]발음으로 끝냅니다.
ong	[오]의 입술 모양을 유지한 채 [우]를 길게 발음하다 콧소리 [ㅇ]발음으로 끝냅니다.

■ 결합모음(复合韵母)

개음(介音) 'i, u, ü'와 결합하는 모음을 결합모음이라고 합니다. 개음은 짧고 가볍게 발음하며 뒤에 따라오는 모음은 길게 발음합니다.

1) 개음 [i]와 결합된 결합모음

[i]와 결합	자음이 있을 때	자음이 없을 때
i + a	jia	ya
i + e	bie	ye
i + ao	piao	yao
i + ou	qiu	you
i + an	mian	yan
i + en	jin	yin
i + ang	liang	yang
i + eng	ding	ying
i + ong	xiong	yong

2) 개음 [u]와 결합된 결합모음

[u]와 결합	자음이 있을 때	자음이 없을 때
u + a	gua	wa
u + o	tuo	wo
u + ai	kuai	wai
u + ei	gui	wei
u + an	nuan	wan
u + en	lun	wen
u + ang	huang	wang
u + eng		weng

3) 개음 [ü]와 결합된 결합모음

[ü]와 결합	자음이 있을 때	자음이 없을 때
ü + e	jue	yue
ü + an	quan	yuan
ü + en	xun	yun

发音 발음

성조의 표기

1. 성조 표기는 모음 위에 합니다.

2. 모음이 2개 이상일 경우 주요 모음 위에 표시합니다.

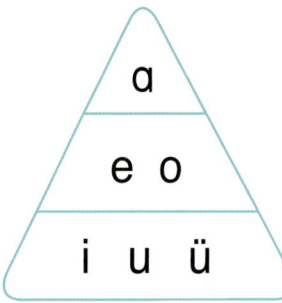

① a가 있으면 a 위에 표시합니다. → hǎo
② a가 없으면 e나 o 위에 표시합니다. → shéi / kōngjiě
③ a, e, o가 없으면 i나 u나 ü 위에 표시합니다.
　단, iu 또는 ui의 경우 무조건 뒤에 표시합니다. → jiǔ / guì

3. i 위에 성조를 표시할 때는 ' · '을 뺍니다. → míngtiān

4. 경성일 경우 성조를 표시하지 않습니다. → māma

경성(轻声)

경성은 짧고 가볍게 발음합니다. 경성의 음높이는 앞 음절의 성조에 의해 변화하며, 성조는 표시하지 않습니다.

제1성 + 경성	제2성 + 경성	제3성 + 경성	제4성 + 경성
māma	yéye	nǎinai	bàba
어머니	할아버지	할머니	아버지

얼화운(儿化韵)

음절 끝부분에 '儿 ér'음이 붙어 바로 앞 음절의 일부로 동화되는 경우를 '儿化 érhuà'라고 합니다. 특히 중국 북방 사람들이 습관적으로 사용합니다.

음의 변화가 없는 儿化	[i] 음이 탈락하는 儿化	[n] 음이 탈락하는 儿化
事儿 shì → shìr	字儿 zì → zìr	点儿 diǎn → diǎnr
口儿 kǒu → kǒur	孩儿 hái → háir	门儿 mén → ménr
歌儿 gē → gēr	会儿 huì → huìr	碗儿 wǎn → wǎnr

성조의 변화

1. 제3성의 성조 변화

   1) 제3성이 연속으로 올 때 앞의 제3성은 제2성으로 변합니다.

   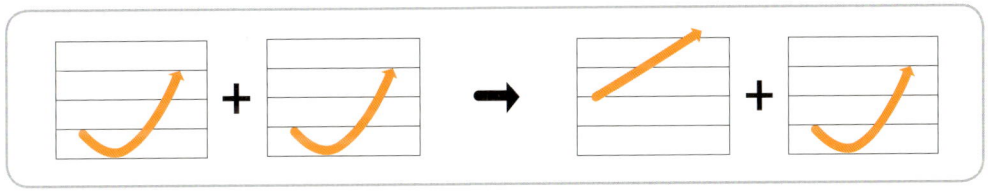

   ▫ nǐ hǎo (你好)   ▫ wǒ mǎi (我买)

   2) 제3성은 아래로 내렸다가 올리는 발음이지만, 뒤에 제1, 2, 4성이 올 때는 '반3성'으로 내리는 부분만 발음합니다.

   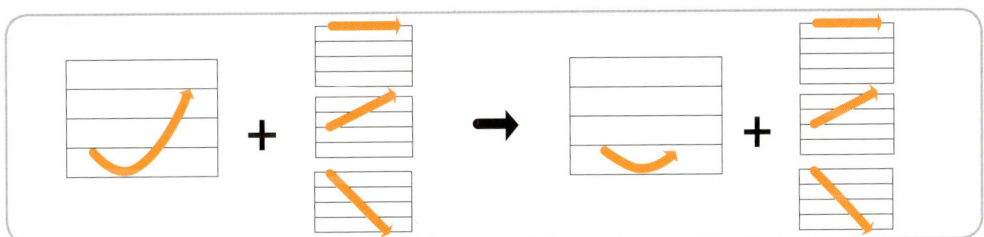

   ▫ lǎoshī (老师)   ▫ wǒ hē (我喝)
   ▫ wǒ lái (我来)   ▫ cǎoméi (草莓)
   ▫ nǐ qù (你去)   ▫ mǐfàn (米饭)

发音 발음

2. 不의 성조 변화

'아니다'라는 의미로 부정형식을 만드는 '不 bù'의 성조는 원래 제4성입니다. '不 bù' 뒤에 제1, 2, 3성이 올 때에는 본래 성조인 제4성으로 발음하지만, 뒤에 제4성이 올 때에는 제2성 '不 bú'로 성조가 변화합니다.

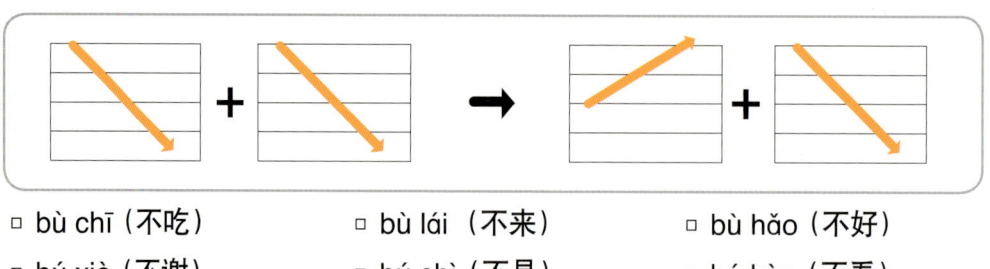

- bù chī (不吃)
- bù lái (不来)
- bù hǎo (不好)
- bú xiè (不谢)
- bú shì (不是)
- bú kàn (不看)

3. 一의 성조 변화

숫자 1 '一 yī'의 성조는 원래 제1성이지만, '一 yī' 뒤에 제1, 2, 3성이 올 때에는 제4성 '一 yì'로, 뒤에 제4성이 올 때에는 제2성 '一 yí'로 성조가 변화합니다.

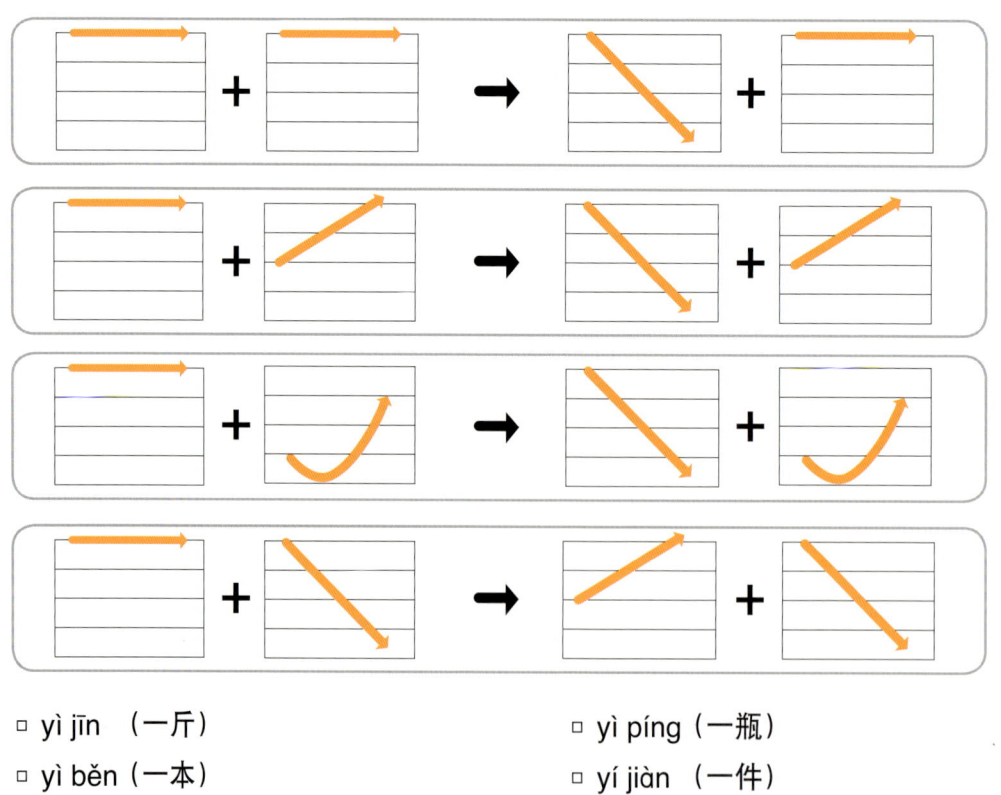

- yì jīn (一斤)
- yì píng (一瓶)
- yì běn (一本)
- yí jiàn (一件)

한어병음 표기의 주요 규칙

1. 한어병음 표기는 알파벳 소문자로 합니다.
   lǎoshī(老师)   xuésheng(学生)

2. 하나의 단어는 음절 수에 관계 없이 붙여 씁니다.
   kāfēi(咖啡)   gāozhōngshēng(高中生)

3. 고유명사의 첫음절의 첫 글자와 문장 맨 앞의 첫음절 첫 글자는 대문자로 표기합니다.
   Běijīng(北京)   Chángchéng(长城)
   Dàjiā hǎo!(大家好！)   Tā shì shéi?(他是谁？)

4. 성과 이름은 띄어 쓰며, 성과 이름의 첫음절 첫 글자는 대문자로 표기합니다.
   Chéng Lóng(成龙)   Gǒng Lì(巩俐)
   Lǐ Liánjié(李连杰)   Liáng Cháowěi(梁朝伟)

5. 뒤 음절이 a, o, e로 시작하는 경우, 앞 음절의 영향을 피하기 위해 격음부호(')를 사용하여 경계를 나타냅니다.
   nǚ'ér(女儿)   kě'ài(可爱)
   Xī'ān(西安)   Tiān'ānmén(天安门)

중국어 음절표

	a	o	e	-i	er	ai	ei	ao	ou	an	en	ang	eng	ong	i	ia	iao	ie
b	ba	bo				bai	bei	bao		ban	ben	bang	beng		bi		biao	bie
p	pa	po				pai	pei	pao	pou	pan	pen	pang	peng		pi		piao	pie
m	ma	mo	me			mai	mei	mao	mou	man	men	mang	meng		mi		miao	mie
f	fa	fo					fei		fou	fan	fen	fang	feng					
d	da		de			dai	dei	dao	dou	dan	den	dang	deng	dong	di		diao	die
t	ta		te			tai		tao	tou	tan		tang	teng	tong	ti		tiao	tie
n	na		ne			nai	nei	nao	nou	nan	nen	nang	neng	nong	ni		niao	nie
l	la		le			lai	lei	lao	lou	lan		lang	leng	long	li	lia	liao	lie
g	ga		ge			gai	gei	gao	gou	gan	gen	gang	geng	gong				
k	ka		ke			kai	kei	kao	kou	kan	ken	kang	keng	kong				
h	ha		he			hai	hei	hao	hou	han	hen	hang	heng	hong				
j															ji	jia	jiao	jie
q															qi	qia	qiao	qie
x															xi	xia	xiao	xie
zh	zha		zhe	zhi		zhai	zhei	zhao	zhou	zhan	zhen	zhang	zheng	zhong				
ch	cha		che	chi		chai		chao	chou	chan	chen	chang	cheng	chong				
sh	sha		she	shi		shai	shei	shao	shou	shan	shen	shang	sheng					
r			re	ri				rao	rou	ran	ren	rang	reng	rong				
z	za		ze	zi		zai	zei	zao	zou	zan	zen	zang	zeng	zong				
c	ca		ce	ci		cai		cao	cou	can	cen	cang	ceng	cong				
s	sa		se	si		sai		sao	sou	san	sen	sang	seng	song				
	a	o	e		er	ai	ei	ao	ou	an	en	ang	eng		yi	ya	yao	ye

	iou	ian	in	iang	ing	iong	u	ua	uo	uai	uei	uan	uen	uang	ueng	ü	üe	üan	ün
		bian	bin		bing		bu												
		pian	pin		ping		pu												
	miu	mian	min		ming		mu												
							fu												
	diu	dian			ding		du		duo		dui	duan	dun						
		tian			ting		tu		tuo		tui	tuan	tun						
	niu	nian	nin	niang	ning		nu		nuo			nuan				nü	nüe		
	liu	lian	lin	liang	ling		lu		luo			luan	lun			lü	lüe		
							gu	gua	guo	guai	gui	guan	gun	guang					
							ku	kua	kuo	kuai	kui	kuan	kun	kuang					
							hu	hua	huo	huai	hui	huan	hun	huang					
	jiu	jian	jin	jiang	jing	jiong										ju	jue	juan	jun
	qiu	qian	qin	qiang	qing	qiong										qu	que	quan	qun
	xiu	xian	xin	xiang	xing	xiong										xu	xue	xuan	xun
							zhu	zhua	zhuo	zhuai	zhui	zhuan	zhun	zhuang					
							chu	chua	chuo	chuai	chui	chuan	chun	chuang					
							shu	shua	shuo	shuai	shui	shuan	shun	shuang					
							ru		ruo		rui	ruan	run						
							zu		zuo		zui	zuan	zun						
							cu		cuo		cui	cuan	cun						
							su		suo		sui	suan	sun						
	you	yan	yin	yang	ying	yong	wu	wa	wo	wai	wei	wan	wen	wang	weng	yu	yue	yuan	yun

- ▨ 부분은 한어병음 표기법 또는 발음에 주의해야 할 음절임.
- ▨ 부분의 음절은 단독으로 쓰일 때의 표기임.
- 감탄사에 나타나는 특수한 음절(ng, hm, hng 등)은 생략함.

※ 여러분의 중국어 학습을 도와줄 가족을 소개합니다.

bàba	māma	dìdi	mèimei	jiějie	gēge	nǎinai	yéye
爸爸	妈妈	弟弟	妹妹	姐姐	哥哥	奶奶	爷爷
아버지	어머니	남동생	여동생	언니/누나	형/오빠	할머니	할아버지

차이나로 중국어회화

入门 입문

01

你好!

Nǐ hǎo!

안녕하세요!

您好!
Nín hǎo!

你们好!
Nǐmen hǎo!

再见!
Zàijiàn!

再见!
Zàijiàn!

生词

你	nǐ	너, 당신
好	hǎo	좋다, 안녕하다
您	nín	'你'의 존칭표현
你们	nǐmen	너희들, 당신들
再见	zàijiàn	또 뵙겠습니다, 안녕히 가십시오
老师	lǎoshī	선생님
大家	dàjiā	모두, 여러분
谢谢	xièxie	감사합니다, 고맙습니다
不客气	bú kèqi	천만에요, 별말씀을요
不谢	bú xiè	천만에요, 별말씀을요
对不起	duìbuqǐ	미안합니다
没关系	méi guānxi	괜찮다, 문제없다

发音练习 1

성조에 유의하여 아래 모음을 발음해 보세요.

① ā á ǎ à
② ō ó ǒ ò
③ ē é ě è
④ ī í ǐ ì
⑤ ū ú ǔ ù
⑥ ǖ ǘ ǚ ǜ

※ [i], [u], [ü]는 자음과 함께 결합되지 않는 경우 [yi], [wu], [yu]로 표기합니다.

 语法 어법 포인트

1 한국어와 중국어의 차이점

	한국어	중국어
예	나는 너를 사랑한다. 너를 나는 사랑한다. ※어순이 바뀌어도 　의미가 달라지지 않는 경우가 있음	我爱你。Wǒ ài nǐ. 你爱我。Nǐ ài wǒ. ※어순이 바뀌면 　의미가 완전히 달라짐
기본어순	주어 + 목적어 + 술어	주어 + 술어 + 목적어
조사 활용 여부	…은, …는, …이, …가, …을, …를	주격조사, 목적격조사 없음
어미 변화 여부	사랑하다, 사랑하고, 사랑하며, 사랑해서, 사랑하면, 사랑하니까 ※어미 변화 있음	'爱 ài'만으로 모든 표현이 가능함 ※어미 변화 없음

2 인칭대명사

	단수		복수	
1인칭	我 wǒ	나, 저	我们 wǒmen	우리들, 저희들
2인칭	你 nǐ	너	你们 nǐmen	너희들, 당신들
	您 nín	당신 (높임을 표할 때 쓰임)		
3인칭	他 tā	그	他们 tāmen	그들
	她 tā	그녀	她们 tāmen	그녀들
	它 tā	그것	它们 tāmen	그것들

3 가족호칭

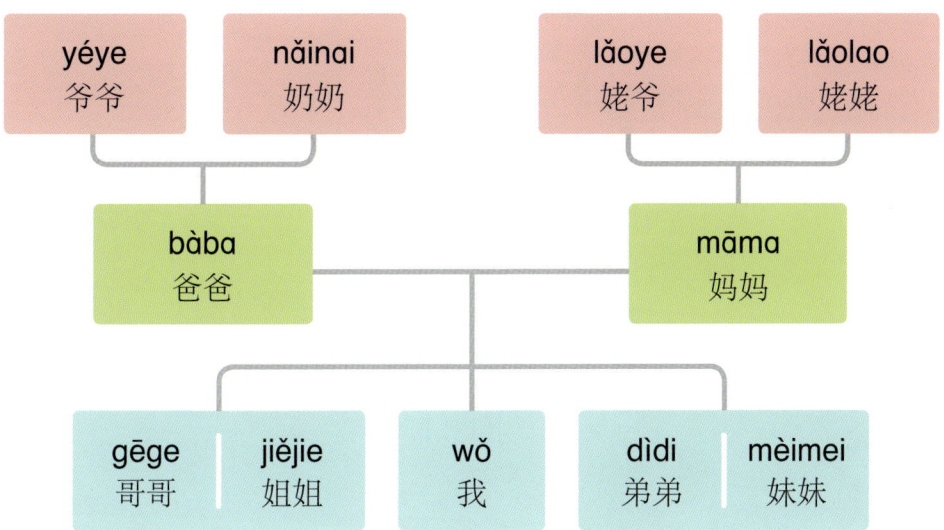

중국에서 누군가의 잘못이나 실수에 '괜찮다'고 할 때는 일반적으로 "没关系。Méi guānxi."라고 대답하지만, "没事儿。Méi shìr."라는 표현도 자주 사용합니다. '没事儿'는 '没关系'와 의미는 같지만, '没关系'는 주로 공식적인 자리에서 예의 바른 표현으로 사용되고, '没事儿'는 가벼운 자리에서 친근한 표현으로 사용됩니다.

 看图学习 그림학습

▶ 그림을 보며 큰소리로 따라 하세요.

老师好!
Lǎoshī hǎo!

大家好!
Dàjiā hǎo!

谢谢!
Xièxie!

不客气。
Bú kèqi.

谢谢你们。
Xièxie nǐmen.

不谢。
Bú xiè.

对不起。
Duìbuqǐ.

没关系。
Méi guānxi.

▶ 해석을 보며 중국어로 말해보세요.

선생님 안녕하세요!
여러분 안녕!

고마워요!
천만에요.

고맙구나 얘들아.
별말씀을요.

죄송해요.
괜찮아.

▶ 그림을 보고 알맞게 답하세요.

1. A : 老师好!　　B :
2. A : 谢谢!　　B :
3. A : 谢谢你们!　　B :
4. A : 对不起!　　B :
5. A : 再见!　　B :

听力 듣기훈련

第一部分 녹음을 듣고 알맞은 것을 고르세요. 🎧12

1. **A** ā - ō   **B** ō - ā
2. **A** ì - ù   **B** ì - ǜ
3. **A** é - ó   **B** ě - ǒ
4. **A** ǔ - ǚ   **B** ú - ǘ
5. **A** ū - ā   **B** ā - ū
6. **A** ǒ - ǎ   **B** ǎ - ǒ

第二部分 녹음을 듣고 알맞은 대답을 고르세요. 🎧13

1. **A** 你们好   **B** 他们好   **C** 她们好
2. **A** 谢谢   **B** 对不起   **C** 再见
3. **A** 不谢   **B** 对不起   **C** 你好
4. **A** 大家好   **B** 谢谢您   **C** 再见
5. **A** 不谢   **B** 不客气   **C** 没关系
6. **A** 没关系   **B** 再见   **C** 对不起

练习 연습문제

1 다음 중 알맞은 것을 고르세요.

① 你们　nǐmen / nímèn

② 大家　dàjiā / dājiā

③ 老师　láoshī / lǎoshī

④ 谢谢　xièxiè / xièxie

2 빈칸을 채워 표를 완성하세요.

중국어	한어병음	뜻
	Nǐ hǎo.	
谢谢。		고맙습니다.
	Duìbuqǐ.	
再见！		안녕히 가세요!

3 다음 대화를 알맞게 연결하세요.

① 谢谢你们。　●　　　　　●　再见！

② 老师好！　●　　　　　●　不客气。

③ 对不起。　●　　　　　●　没关系。

④ 再见！　●　　　　　●　大家好！

02

他是谁?

Tā shì shéi?

그는 누구입니까?

她是谁?
Tā shì shéi?

她是我妹妹。
Tā shì wǒ mèimei.

她是大学生吗?
Tā shì dàxuéshēng ma?

她不是大学生,是高中生。
Tā bú shì dàxuéshēng, shì gāozhōngshēng.

生词 새로운 단어

他	tā	그
是	shì	…이다
谁	shéi	누구
她	tā	그녀
我	wǒ	나, 저
妹妹	mèimei	여동생
大学生	dàxuéshēng	대학생
吗	ma	의문 어기조사
不	bù	아니다
高中生	gāozhōngshēng	고등학생
爸爸	bàba	아버지
医生	yīshēng	의사
老板	lǎobǎn	사장님
妈妈	māma	어머니
哥哥	gēge	형, 오빠
公司	gōngsī	회사
职员	zhíyuán	직원
姐姐	jiějie	언니, 누나
空姐	kōngjiě	스튜어디스

发音练习 2

아래 모음을 제1성으로 발음해 보세요.

① ēr　　② āi　ēi　āo　ōu　　③ ān　ēn　āng　ēng　ōng

※ 권설모음 [er]은 혀끝을 위로 말아 올려 입천장에 닿지 않게 발음합니다.

语法 어법 포인트

1 是자문

동사 '**是** shì'가 술어로 쓰인 문장을 말한다. 동사 '**是**'는 '…이다'라는 의미로, 판단이나 긍정을 나타낸다. '**是**'의 부정형식은 '**不是** bú shì'이며, '…이(가) 아니다'라는 의미이다.

1) 긍정문 : 주어 + 是 + 목적어

- 我是老师。 Wǒ shì lǎoshī. 저는 선생님입니다.
- 他是学生。 Tā shì xuésheng. 그는 학생입니다.
- 他们是我爸妈。 Tāmen shì wǒ bà mā. 그들은 우리 아버지, 어머니입니다.

> 学生 xuésheng 학생

2) 부정문 : 주어 + 不是 + 목적어

- 我不是老师。 Wǒ bú shì lǎoshī. 저는 선생님이 아닙니다.
- 他不是学生。 Tā bú shì xuésheng. 그는 학생이 아닙니다.
- 她不是公司职员。 Tā bú shì gōngsī zhíyuán. 그녀는 회사원이 아닙니다.

3) 의문문

① 주어 + 是 + 목적어 + 吗 ?

- 你是老师吗？ Nǐ shì lǎoshī ma? 당신은 선생님입니까?
- 她不是学生吗？ Tā bú shì xuésheng ma? 그녀는 학생이 아닙니까?

② 주어 + 是不是 + 목적어 ?

- 你是不是老师？ Nǐ shì bu shì lǎoshī? 당신은 선생님입니까 아닙니까?
- 她是不是学生？ Tā shì bu shì xuésheng? 그녀는 학생입니까 아닙니까?

Plus ++

우리말에서 '선생(先生)'이라는 한자어는 주로 가르치는 사람에 대한 존칭으로 쓰입니다. 하지만 중국어에서의 '**先生** xiānsheng'은 성인 남성의 성명 뒤에 쓰여 존칭으로 쓰이거나, 자신 또는 상대방의 남편에 대한 호칭으로 쓰입니다. 중국어로 교사·선생님은 '**老师** lǎoshī'라고 합니다.

1) 성인 남성에 대한 존칭 (= Mr.)

- 李先生，您好。Lǐ xiānsheng, nín hǎo. 이 선생님, 안녕하세요.
- 那先生是谁？Nà xiānsheng shì shéi? 저 남성분은 누구입니까?

> 李 Lǐ (姓) 이, 리
> 先生 xiānsheng 선생, 남편
> 那 nà 그, 저

2) 자신 또는 상대방의 남편에 대한 호칭

- 她先生是老板。Tā xiānsheng shì lǎobǎn. 그녀의 남편은 사장님입니다.
- 他是你先生吗？Tā shì nǐ xiānsheng ma? 그는 당신의 남편입니까?

자신의 선생님(스승)을 소개하면서, "**他是我先生**。Tā shì wǒ xiānsheng."이라고 한다면 큰 오해를 사겠지요?

 看图学习 그림학습

▶ 그림을 보며 큰소리로 따라 하세요.

他是我爸爸。
Tā shì wǒ bàba.

爸爸不是医生，是老板。
Bàba bú shì yīshēng, shì lǎobǎn.

她是我妈妈。
Tā shì wǒ māma.

妈妈是医生。
Māma shì yīshēng.

他是我哥哥。
Tā shì wǒ gēge.

哥哥是公司职员。
Gēge shì gōngsī zhíyuán.

她是我姐姐。
Tā shì wǒ jiějie.

姐姐是空姐。
Jiějie shì kōngjiě.

▶ 해석을 보며 중국어로 말해보세요.

> 그는 우리 아버지입니다.
> 아버지는 의사가 아니라 사장님입니다.

> 그녀는 우리 어머니입니다.
> 어머니는 의사입니다.

> 그는 우리 형(오빠)입니다.
> 형(오빠)은 회사원입니다.

> 그녀는 우리 언니(누나)입니다.
> 언니(누나)는 스튜어디스입니다.

▶ 그림을 보고 질문에 답하세요.

1. 谁是老板？
2. 妈妈是老师吗？
3. 哥哥不是大学生吗？
4. 哥哥是不是公司职员？
5. 姐姐是不是空姐？

听力 듣기훈련

第一部分 녹음을 듣고 알맞은 것을 고르세요. 🎧17

1. **A** ai - ei　　　　　　**B** ei - ai

2. **A** ao - ou　　　　　　**B** ou - ao

3. **A** an - en　　　　　　**B** en - an

4. **A** ou - er　　　　　　**B** er - ou

5. **A** an - ang　　　　　　**B** ang - an

6. **A** ong - eng　　　　　　**B** eng - ong

第二部分 녹음을 듣고 질문에 알맞은 답을 고르세요. 🎧18

1. **A** 姐姐　　　　　　**B** 妹妹

2. **A** 是高中生　　　　　　**B** 不是高中生

3. **A** 是医生　　　　　　**B** 不是医生

4. **A** 是大学生　　　　　　**B** 不是大学生

5. **A** 哥哥　　　　　　**B** 爸爸

6. **A** 妈妈　　　　　　**B** 姐姐

7. **A** 是医生　　　　　　**B** 不是医生

8. **A** 是空姐　　　　　　**B** 不是空姐

9. **A** 是老板　　　　　　**B** 不是老板

10. **A** 妹妹　　　　　　**B** 姐姐

练习 연습문제

1 다음 중 알맞은 것을 고르세요.

① 医生　　yǐshēng / yīshēng

② 职员　　zhíyuán / zhǐyuán

③ 妹妹　　měimei / mèimei

④ 高中生　gāozhòngshēng / gāozhōngshēng

2 빈 칸을 채워 표를 완성하세요.

중국어	한어병음	뜻
谁		
		아니다
学生	xuésheng	
吗		의문 어기조사

3 보기 중 알맞은 것을 골라 문장을 완성하세요.

> 보기　　老板　　空姐　　公司职员　　大学生　　医生

① 형(오빠)은 사장님입니다.

哥哥是_____。

② 언니(누나)는 스튜어디스입니까 아닙니까?

姐姐是不是_____?

③ 할아버지는 의사가 아닙니다.

爷爷不是_____。

④ 그녀는 회사원이 아닙니까?

她不是_____吗?

03

这是什么?

Zhè shì shénme?

이것은 무엇입니까?

这是什么?
Zhè shì shénme?

这是词典。
Zhè shì cídiǎn.

那也是词典吗?
Nà yě shì cídiǎn ma?

是,都是词典。
Shì, dōu shì cídiǎn.

生词 새로운 단어

这	zhè	이, 이것
什么	shénme	무엇
词典	cídiǎn	사전
那	nà	그, 저, 그것, 저것
也	yě	…도, 또한
是	shì	예, 그렇습니다
都	dōu	모두, 다
咖啡	kāfēi	커피
牛奶	niúnǎi	우유
报纸	bàozhǐ	신문
汉语	Hànyǔ	중국어
书	shū	책
哪个	nǎge	어느 것
手机	shǒujī	휴대폰
这个	zhège	이, 이것
手表	shǒubiǎo	손목시계
那个	nàge	그, 저, 그것, 저것

 3

아래 자음을 제1성으로 발음해 보세요.

① b(ō) p(ō) m(ō)   ② f(ō)
③ d(ē) t(ē) n(ē) l(ē)   ④ g(ē) k(ē) h(ē)

※ [l]는 [ㄹ]발음과 다릅니다. '빨래'에서의 [ㄹ+ㄹ]의 발음과 비슷합니다.
※ [h]는 [ㅎ]발음과 다릅니다. 아랫턱에 힘을 주고 [흐]발음을 목구멍소리로 내야 합니다.

语法 어법 포인트

1 지시대명사

사람이나 사물을 가리킬 때 사용한다. 공간적·심리적·시간적인 거리가 비교적 가까울 때는 '这 zhè', 멀 때는 '那 nà', 의문을 나타낼 때는 '哪 nǎ'를 쓴다.

	사물			
	단수		복수	
근칭	这（个） zhè(ge)	이, 이것	这些 zhèxiē	이것들
원칭	那（个） nà(ge)	그, 저, 그것, 저것	那些 nàxiē	그것들, 저것들
부정칭	哪（个） nǎ(ge)	어느, 어느 것	哪些 nǎxiē	어떤 것들

2 这/那와 这个/那个

1) 주어로 쓸 경우에는 '这 zhè/那 nà'와 '这个 zhège/那个 nàge' 모두 사용 가능하다.

- 这是牛奶，那是咖啡。
  Zhè shì niúnǎi, nà shì kāfēi. 이것은 우유이고, 저것은 커피입니다.

- 这个是牛奶，那个是咖啡。
  Zhège shì niúnǎi, nàge shì kāfēi. 이것은 우유이고, 저것은 커피입니다.

2) 목적어로 쓸 경우에는 '这个/那个'만 가능하다.

- 手表是这。　　（X）
  手表是这个。　（O）
  Shǒubiǎo shì zhège. 손목시계는 이것입니다.

- 手机是那。　　（X）
  手机是那个。　（O）
  Shǒujī shì nàge. 휴대폰은 저것입니다.

3 의문대명사 什么 (1)

'什么 shénme'가 술어 뒤에 단독으로 쓰이면 사물에 대해서 묻는 것으로, '무엇'이란 뜻이 된다. '什么'가 있는 의문문은 의문조사 '吗 ma'를 쓰지 않는다. 질문에 답할 때는 '什么'의 위치에 답을 넣으면 된다.

A : 这是什么？Zhè shì shénme?　이것은 무엇입니까?
B : 这是书。Zhè shì shū.　이것은 책입니다.
A : 那是什么？Nà shì shénme?　저것은 무엇입니까?
B : 那是词典。Nà shì cídiǎn.　저것은 사전입니다.

4 也와 都

둘 이상의 사람이나 사물을 총괄하여 그것들이 비슷하거나 같다는 의미로 '…도, 또한, 역시'라고 표현할 때는 '也 yě'를 사용하고, 일반적으로 주어를 총괄하는 의미로 '예외 없이, 모두'라고 표현할 때는 '都 dōu'를 사용한다. 문장에 '也'와 '都'가 함께 쓰일 경우, '也'는 '都' 앞에 위치한다.

1) 주어 + 也 + 동사 + 목적어
   - 我们也是老师。Wǒmen yě shì lǎoshī.　우리들도 선생님입니다.
   - 他们也是学生。Tāmen yě shì xuésheng.　그들 역시 학생입니다.

2) 주어 + 都 + 동사 + 목적어
   - 我们都是老师。Wǒmen dōu shì lǎoshī.　우리들은 모두 선생님입니다.
   - 他们都是学生。Tāmen dōu shì xuésheng.　그들은 모두 학생입니다.

3) 주어 + 也 + 都 + 동사 + 목적어
   - 我们也都是老师。Wǒmen yě dōu shì lǎoshī.　우리들도 모두 선생님입니다.
   - 他们也都是学生。Tāmen yě dōu shì xuésheng.　그들 또한 모두 학생입니다.

 看图学习 그림학습

▶ 그림을 보며 큰소리로 따라 하세요.

这是咖啡。
Zhè shì kāfēi.

那是牛奶。
Nà shì niúnǎi.

这是报纸。
Zhè shì bàozhǐ.

那是汉语书。
Nà shì Hànyǔ shū.

哪个是手机？
Nǎge shì shǒujī?

这个是手机。
Zhège shì shǒujī.

哪个是手表？
Nǎge shì shǒubiǎo?

那个是手表。
Nàge shì shǒubiǎo.

▶ 해석을 보며 중국어로 말해보세요.

이것은 커피입니다.
저것은 우유입니다.

이것은 신문입니다.
저것은 중국어 책입니다.

어느 것이 휴대폰입니까?
이것이 휴대폰입니다.

어느 것이 손목시계입니까?
저것이 손목시계입니다.

▶ 그림을 보고 질문에 답하세요.

1. 哪个是咖啡？
2. 那是牛奶吗？
3. 这是报纸，那也是报纸吗？
4. 这个那个都是词典吗？
5. 那是不是手表？

听力 듣기훈련

第一部分 녹음을 듣고 알맞은 것을 고르세요. 🎧22

1. **A** g - k   **B** k - g
2. **A** p - f   **B** f - p
3. **A** m - n   **B** n - m
4. **A** d - t   **B** t - d
5. **A** k - h   **B** h - k
6. **A** l - g   **B** g - l

第二部分 녹음을 듣고 질문에 알맞은 답을 고르세요. 🎧23

1. **A** 咖啡   **B** 牛奶
2. **A** 这个   **B** 那个
3. **A** 都是报纸   **B** 都不是报纸
4. **A** 书   **B** 报纸
5. **A** 这个   **B** 那个
6. **A** 是   **B** 不是
7. **A** 那是词典   **B** 那不是词典
8. **A** 那是汉语书   **B** 那不是汉语书
9. **A** 都是手机   **B** 都不是手机
10. **A** 书、词典、报纸   **B** 手表、词典、报纸

练习 연습문제

1 다음 중 알맞은 것을 고르세요.

① 报纸   bàozhǐ / pàozhǐ   ② 词典   cídiǎn / cìdiān

③ 手机   shǒujī / shòuji   ④ 牛奶   niúnǎi / miúnǎi

⑤ 什么   shénmo / shénme   ⑥ 哪个   nǎgē / nǎge

2 보기 중 알맞은 것을 골라 문장을 완성하세요.

보기   报纸   咖啡   牛奶   手表   汉语书

① 这不是_____。   이것은 커피가 아닙니다.

② 那也是_____。   저것도 신문입니다.

③ 那些都是_____吗?   그것들 모두 중국어 책입니까?

④ 哪个是_____?   어느 것이 손목시계입니까?

3 알맞은 어순으로 배열하여 문장을 완성하세요.

① 이것은 무엇입니까?

   是   这   什么

   _____

② 저것은 중국어 책입니까 아닙니까?

   汉语书   不是   那   是

   _____

③ 이것 저것 모두 손목시계입니다.

   手表   这个   都是   那个

   _____

04

你吃什么?
Nǐ chī shénme?

당신은 무엇을 먹습니까?

你吃什么?
Nǐ chī shénme?

我吃汉堡。
Wǒ chī hànbǎo.

你喝不喝可乐?
Nǐ hē bu hē kělè?

我不喝可乐。
Wǒ bù hē kělè.

生词 새로운 단어

吃	chī	먹다
汉堡	hànbǎo	햄버거
喝	hē	마시다
可乐	kělè	콜라
爷爷	yéye	할아버지
米饭	mǐfàn	쌀밥
奶奶	nǎinai	할머니
面包	miànbāo	빵
看	kàn	보다
买	mǎi	사다, 구입하다
水果	shuǐguǒ	과일
衣服	yīfu	옷, 의복
弟弟	dìdi	남동생

发音练习 4

아래 자음을 제1성으로 발음해 보세요.

① j(ī)　　　　q(ī)　　　　x(ī)
② zh(ī)　　　ch(ī)　　　 sh(ī)　　　r(ī)
③ z(ī)　　　　c(ī)　　　　s(ī)

※ [i]에 성조를 표기할 때는 [i]의 윗부분 `˙`을 생략합니다.
※ ① 군의 [i]는 [이]와 비슷합니다.
※ ② 군의 [i]는 [으]와 비슷합니다.
※ ③ 군의 [i]는 입술을 좌우로 당겨 [으]와 비슷하게 발음합니다.

语法 어법 포인트

1 동사술어문

동사가 술어가 되는 문장을 말한다. 동사는 주어의 동작이나 행위를 나타내며, 동작·행위의 대상이 되는 목적어를 함께 쓸 수 있다.

1) 긍정문 : 주어 + 동사 + (목적어)

- 我吃。 Wǒ chī.   저는 먹습니다.
- 我吃饭。 Wǒ chī fàn.   저는 밥을 먹습니다.

饭 fàn 밥

2) 부정문 : 주어 + 不 + 동사 + (목적어)

- 他不喝。 Tā bù hē.   그는 안 마십니다.
- 他不喝水。 Tā bù hē shuǐ.   그는 물을 안 마십니다.

水 shuǐ 물

3) 의문문

① 주어 + 동사 + (목적어) + 吗 ?

- 妈妈来吗？ Māma lái ma?   어머니는 옵니까?
- 爸爸去公司吗？ Bàba qù gōngsī ma?   아버지는 회사에 갑니까?

来 lái 오다
去 qù 가다

② 주어 + 동사 + 不 + 동사 + (목적어)?

- 妈妈来不来？ Māma lái bu lái?   어머니는 옵니까 안 옵니까?
- 爸爸去不去公司？ Bàba qù bu qù gōngsī?   아버지는 회사에 갑니까 안 갑니까?

2 기본 의문문 형식

吗 의문문	정반 의문문	의문사 의문문
这是书吗? Zhè shì shū ma? 이것은 책입니까?	这是不是书? Zhè shì bu shì shū? 이것은 책입니까 아닙니까?	这是什么? Zhè shì shénme? 이것은 무엇입니까?
你买衣服吗? Nǐ mǎi yīfu ma? 당신은 옷을 삽니까?	你买不买衣服? Nǐ mǎi bu mǎi yīfu? 당신은 옷을 삽니까 안 삽니까?	你买什么? Nǐ mǎi shénme? 당신은 무엇을 삽니까?

'먹다'와 '마시다'라는 뜻의 '吃 chī'와 '喝 hē'는 각각 상황에 맞게 사용하여야 합니다. 우리말에서는 간혹 음료에도 '먹다'라는 표현을 사용하는 경우가 있지만, 중국어에서는 명확하게 '喝'로 표현합니다.

A: 你吃什么? Nǐ chī shénme? 너는 무엇을 먹니?
B: 我吃汉堡。Wǒ chī hànbǎo. 나는 햄버거를 먹어.
A: 你喝可乐吗? Nǐ hē kělè ma? 너는 콜라를 마시니?
B: 我不喝可乐。Wǒ bù hē kělè. 나는 콜라를 안 마셔.

 **看图学习** 그림학습

▶ 그림을 보며 큰소리로 따라 하세요.

爷爷吃米饭。
Yéye chī mǐfàn.

奶奶吃面包。
Nǎinai chī miànbāo.

爸爸看报纸。
Bàba kàn bàozhǐ.

哥哥看书。
Gēge kàn shū.

妈妈买水果。
Māma mǎi shuǐguǒ.

姐姐买衣服。
Jiějie mǎi yīfu.

弟弟喝咖啡。
Dìdi hē kāfēi.

妹妹喝牛奶。
Mèimei hē niúnǎi.

▶ 해석을 보며 중국어로 말해보세요.

> 할아버지가 쌀밥을 먹습니다.
> 할머니가 빵을 먹습니다.

> 아버지는 신문을 봅니다.
> 형(오빠)은 책을 봅니다.

> 어머니는 과일을 삽니다.
> 언니(누나)는 옷을 삽니다.

> 남동생은 커피를 마십니다.
> 여동생은 우유를 마십니다.

▶ 그림을 보고 질문에 답하세요.

1. 爷爷吃什么？
2. 奶奶也吃米饭吗？
3. 谁看报纸？
4. 姐姐买不买水果？
5. 弟弟妹妹都喝牛奶吗？

听力 듣기훈련

第一部分 녹음을 듣고 알맞은 것을 고르세요. 🎧27

1. **A** j - z **B** z - j
2. **A** x - s **B** s - x
3. **A** q - c **B** c - q
4. **A** zh - sh **B** sh - zh
5. **A** q - ch **B** ch - q
6. **A** l - r **B** r - l

第二部分 녹음을 듣고 질문에 알맞은 답을 고르세요. 🎧28

1. **A** 妹妹 **B** 姐姐
2. **A** 米饭 **B** 汉堡
3. **A** 咖啡 **B** 可乐
4. **A** 买 **B** 不买
5. **A** 衣服、书 **B** 衣服、手机
6. **A** 看报纸 **B** 不看报纸
7. **A** 可乐 **B** 牛奶
8. **A** 奶奶 **B** 爷爷
9. **A** 都买书 **B** 都不买书
10. **A** 喝可乐 **B** 不喝可乐

练习 연습문제

1 다음 중 알맞은 것을 고르세요.

① 米饭　mǐfàn / mǐfān　　② 衣服　yīpu / yīfu

③ 汉堡　hànbāo / hànbǎo　　④ 可乐　kělè / kǒulà

⑤ 水果　shuǐguō / shuǐguǒ　　⑥ 面包　miànbāo / miánbāo

2 동사 '吃，喝，看'을 사용하여 빈칸을 채우세요.

① _____米饭　② _____报纸　③ _____咖啡

④ _____牛奶　⑤ _____面包　⑥ _____词典

⑦ _____汉堡　⑧ _____可乐　⑨ _____汉语书

3 알맞은 어순으로 배열하여 문장을 완성하세요.

① 당신은 무엇을 마십니까?

你　什么　喝

_____

② 당신은 옷을 삽니까 안 삽니까?

衣服　买　你　不买

_____

③ 여동생은 쌀밥을 안 먹습니다.

不　米饭　妹妹　吃

_____

④ 할아버지는 신문을 봅니까?

看　爷爷　吗　报纸

_____

05

哪个大?
Nǎge dà?
어느 것이 큽니까?

这个大吗?
Zhège dà ma?

这个很大。
Zhège hěn dà.

那个大不大?
Nàge dà bu dà?

那个不大。
Nàge bú dà.

生词  새로운 단어

- 大 — dà — 크다
- 很 — hěn — 매우
- 西瓜 — xīguā — 수박
- 苹果 — píngguǒ — 사과
- 鸡蛋 — jīdàn — 달걀
- 多 — duō — 많다
- 电视 — diànshì — 텔레비전
- 贵 — guì — 비싸다
- 电话 — diànhuà — 전화
- 热 — rè — 뜨겁다, 덥다
- 果汁儿 — guǒzhīr — 과일 주스

发音练习 5

아래 자음을 무기음과 유기음으로 구분하여 발음해 보세요.

① 무기음 : bō　dē　gē　jī　zhī　zī
② 유기음 : pō　tē　kē　qī　chī　cī

※ 무기음은 숨을 터뜨리지 않고 발음하며, 유기음은 숨을 강하게 터뜨리며 발음합니다.

语法 어법 포인트

1 형용사술어문

형용사가 술어가 되는 문장을 말한다. 사람이나 사물의 상태·성질을 묘사하며, 평서문에서 형용사가 단독으로 술어가 될 때는 정도부사 '很 hěn' 등이 함께 쓰인다.

1) 긍정문 : 주어 + 정도부사 (很) + 형용사
   - 这个很大。 Zhège hěn dà. 이것은 큽니다.
   - 那个很贵。 Nàge hěn guì. 저것은 비쌉니다.

2) 부정문 : 주어 + 不 + 형용사
   - 这个不好。 Zhège bù hǎo. 이것은 좋지 않습니다.
   - 这个好, 那个不好。 Zhège hǎo, nàge bù hǎo. 이것은 좋고, 저것은 좋지 않습니다.

3) 의문문

   ① 주어 + 형용사 + 吗 ?
   - 这个好吗? Zhège hǎo ma? 이것은 좋습니까?
   - 那个不好吗? Nàge bù hǎo ma? 저것은 좋지 않습니까?

   ② 주어 + 형용사 + 不 + 형용사 ?
   - 这个热不热? Zhège rè bu rè? 이것은 뜨겁습니까 안 뜨겁습니까?
   - 那个好不好? Nàge hǎo bu hǎo? 저것은 좋습니까 안 좋습니까?

   ③ 의문사 + 형용사 ?
   - 哪个好? Nǎge hǎo? 어느 것이 좋습니까?
   - 哪个大? Nǎge dà? 어느 것이 큽니까?

2 정도부사 很

성질이나 상태의 정도를 나타내는 '很 hěn'은 '매우, 아주'라는 뜻을 가지고 있지만, 형용사가 단독으로 문장의 술어가 되었을 때 습관적으로 함께 쓰이는 '很'에는 아무런 의미가 없다. 다만, '很'을 강하게 발음하는 경우 본래의 의미가 살아나 강조 용법으로 쓰이게 된다. 부정문이나 의문문에는 '很'을 쓰지 않아도 된다.

- 西瓜很大。 Xīguā hěn dà. 수박이 큽니다. / (강조 용법) 수박이 아주 큽니다.
- 咖啡很热。 Kāfēi hěn rè. 커피가 뜨겁습니다. / (강조 용법) 커피가 매우 뜨겁습니다.

중국어에 자주 등장하는 형용사들을 반의어와 함께 알아둡시다.

大 dà 크다	↔	小 xiǎo 작다
多 duō 많다	↔	少 shǎo 적다
高 gāo 높다	↔	低 dī 낮다
长 cháng 길다	↔	短 duǎn 짧다
远 yuǎn 멀다	↔	近 jìn 가깝다
冷 lěng 차다, 춥다	↔	热 rè 뜨겁다, 덥다
快 kuài 빠르다	↔	慢 màn 느리다
早 zǎo 이르다	↔	晚 wǎn 늦다
好 hǎo 좋다	↔	坏 huài 나쁘다
贵 guì 비싸다	↔	便宜 piányi 싸다

看图学习 그림학습

▶ 그림을 보며 큰소리로 따라 하세요.

西瓜很大。
Xīguā hěn dà.

苹果不大。
Píngguǒ bú dà.

鸡蛋很多。
Jīdàn hěn duō.

面包不多。
Miànbāo bù duō.

电视很贵。
Diànshì hěn guì.

电话不贵。
Diànhuà bú guì.

咖啡很热。
Kāfēi hěn rè.

果汁儿不热。
Guǒzhīr bú rè.

▶ 해석을 보며 중국어로 말해보세요.

수박은 큽니다.
사과는 크지 않습니다.

달걀은 많습니다.
빵은 많지 않습니다.

텔레비전은 비쌉니다.
전화는 비싸지 않습니다.

커피는 뜨겁습니다.
주스는 뜨겁지 않습니다.

▶ 그림을 보고 질문에 답하세요.

1. 西瓜大不大?
2. 苹果也大吗?
3. 鸡蛋、面包哪个不多?
4. 电视、电话都很贵吗?
5. 咖啡、果汁儿哪个不热?

听力 듣기훈련

第一部分 녹음을 듣고 알맞은 것을 고르세요. 🎧32

1. **A** bō - bō - pō   **B** pō - pō - bō
2. **A** tē - tē - dē   **B** dē - tē - tē
3. **A** gē - kē - gē   **B** kē - gē - kē
4. **A** jī - qī - qī   **B** qī - jī - jī
5. **A** zhī - zhī - chī   **B** chī - zhī - zhī
6. **A** zī - cī - zī   **B** cī - zī - cī

第二部分 녹음을 듣고 질문에 알맞은 답을 고르세요. 🎧33

1. **A** 很大   **B** 不大
2. **A** 很贵   **B** 不贵
3. **A** 很热   **B** 不热
4. **A** 电话   **B** 手机
5. **A** 姐姐   **B** 哥哥
6. **A** 姐姐   **B** 妹妹
7. **A** 手表贵   **B** 都很贵
8. **A** 都很贵   **B** 都不贵
9. **A** 衣服   **B** 西瓜
10. **A** 电话   **B** 电视

练习 연습문제

1 보기 중 알맞은 것을 골라 빈칸을 채우세요.

> 보기   píngguǒ   diànshì   guǒzhīr   xīguā   diànhuà   jīdàn

① 苹果 _____   ② 电话 _____

③ 电视 _____   ④ 果汁儿 _____

⑤ 鸡蛋 _____   ⑥ 西瓜 _____

2 보기와 같이 문장을 바꾸어 보세요.

> 보기   衣服很贵。 → 衣服贵不贵？衣服不贵。

① 咖啡很热。 → _____ / _____

② 西瓜很大。 → _____ / _____

3 다음을 읽고 질문에 알맞은 답을 고르세요.

> 鸡蛋多，苹果也多，面包不多。

① 哪个不多？
   A. 鸡蛋   B. 面包

② 鸡蛋、苹果都很多吗？
   A. 都很多   B. 都不多

③ 面包多不多？
   A. 很多   B. 不多

06

这是谁的?

Zhè shì shéi de?

이것은 누구의 것입니까?

这是你的帽子吗?
Zhè shì nǐ de màozi ma?

那不是我的帽子。
Nà bú shì wǒ de màozi.

这是谁的?
Zhè shì shéi de?

那是姐姐的。
Nà shì jiějie de.

生词  새로운 단어

☐ 的	de	…의, …의 것
☐ 帽子	màozi	모자
☐ 口红	kǒuhóng	립스틱
☐ 笔	bǐ	붓, 필기구
☐ 皮鞋	píxié	구두
☐ 袜子	wàzi	양말
☐ 书包	shūbāo	책가방
☐ 电脑	diànnǎo	컴퓨터

发音练习 6

중국어 발음의 모음(16개)과 자음(21개)을 제1성으로 연습해 보세요.

① 모음(韵母)　a　o　e　i　u　ü　er

　　　　　　　ai　ei　ao　ou　an　en　ang　eng　ong

② 자음(声母)　b　p　m　f　d　t　n　l　g　k　h

　　　　　　　j　q　x　zh　ch　sh　r　z　c　s

> **语法** 어법 포인트

1 소유와 소속의 的

1) '的 de'를 사용하여 사람이나 사물에 대한 소유나 소속을 나타낼 수 있다. 일반적으로
   대명사/명사 + 的 + 명사 의 어순으로 쓰인다.

   - 这是她的帽子。 Zhè shì tā de màozi. 이것은 그녀의 모자입니다.
   - 那是弟弟的袜子。 Nà shì dìdi de wàzi. 저것은 남동생의 양말입니다.

2) 문맥을 통해 '的' 뒤의 명사가 무엇인지 알 수 있는 경우, '的' 뒤의 명사는 생략 할 수 있다.

   A: 这是谁的帽子? Zhè shì shéi de màozi? 이것은 누구 모자니?
   B: 是爸爸的。 Shì bàba de. 아버지 것이야.

   A: 那是谁的口红? Nà shì shéi de kǒuhóng? 저것은 누구 립스틱이니?
   B: 是我的。 Shì wǒ de. 내 것이야.

3) 가족 관계나 소속 집단 등을 나타내는 경우에도 '的'를 생략할 수 있다.

   - 我妹妹是高中生。 Wǒ mèimei shì gāozhōngshēng. 우리 여동생은 고등학생입니다.
   - 他是我们学校的老师。 Tā shì wǒmen xuéxiào de lǎoshī. 그는 우리 학교 선생님입니다.

   > 学校 xuéxiào 학교

소유나 소속을 나타내는 '的 de'는 쓰임새가 다양합니다. "넌 내 거야, 사랑해!"와 같은 사랑 표현도 '的'를 사용해서 "你是我的，我爱你！Nǐ shì wǒ de, wǒ ài nǐ!"라고 말할 수 있습니다. 중국 노래의 가사에는 '的'를 사용한 애정 표현들이 다양하게 등장하는데요, 어떤 표현들이 있는지 함께 살펴봅시다.

你是我的。	Nǐ shì wǒ de.	당신은 나의 것.
你是我的梦。	Nǐ shì wǒ de mèng.	당신은 나의 이상.
你是我的天使。	Nǐ shì wǒ de tiānshǐ.	당신은 나의 천사.
你是我的花朵。	Nǐ shì wǒ de huāduo.	당신은 나의 꽃.
你是我的太阳。	Nǐ shì wǒ de tàiyáng.	당신은 나의 태양.
你是我的命运。	Nǐ shì wǒ de mìngyùn.	당신은 나의 운명.
你是我的幸福。	Nǐ shì wǒ de xìngfú.	당신은 나의 행복.

 看图学习 그림학습

▶ 그림을 보며 큰소리로 따라 하세요.

这是妈妈的口红。
Zhè shì māma de kǒuhóng.

那是爸爸的笔。
Nà shì bàba de bǐ.

这是哥哥的皮鞋。
Zhè shì gēge de píxié.

那是弟弟的袜子。
Nà shì dìdi de wàzi.

哪个是妹妹的书包？
Nǎge shì mèimei de shūbāo?

这是妹妹的书包。
Zhè shì mèimei de shūbāo.

哪个是老师的电脑？
Nǎge shì lǎoshī de diànnǎo?

那是老师的电脑。
Nà shì lǎoshī de diànnǎo.

▶ 해석을 보며 중국어로 말해보세요.

이것은 어머니의 립스틱입니다.
저것은 아버지의 펜입니다.

이것은 형(오빠)의 구두입니다.
저것은 남동생의 양말입니다.

어느 것이 여동생의 책가방입니까?
이것이 여동생의 책가방입니다.

어느 것이 선생님의 컴퓨터입니까?
저것이 선생님의 컴퓨터입니다.

▶ 그림을 보고 질문에 답하세요.

1. 这是谁的口红？
2. 袜子是谁的？
3. 哪个是哥哥的皮鞋？
4. 这是妹妹的书包吗？
5. 那是谁的电脑？

听力 듣기훈련

第一部分 녹음을 듣고 알맞은 것을 고르세요.

1. **A** pō - fū **B** fū - pō
2. **A** bù - dǐ **B** dù - bǐ
3. **A** lǔ - nǔ **B** nǔ - lǔ
4. **A** mǎi - mèi **B** měi - mài
5. **A** dòu - dàn **B** dàn - dòu
6. **A** gǎo - kě **B** kǎo - gě

第二部分 녹음을 듣고 질문에 알맞은 답을 고르세요.

1. **A** 妈妈的 **B** 姐姐的
2. **A** 哥哥的皮鞋 **B** 妹妹的皮鞋
3. **A** 这个 **B** 那个
4. **A** 我的手表 **B** 老师的手表
5. **A** 很多 **B** 不多
6. **A** 词典 **B** 书包
7. **A** 姐姐的多 **B** 妹妹的多
8. **A** 是哥哥的 **B** 不是哥哥的
9. **A** 哥哥的电脑 **B** 妹妹的电脑
10. **A** 这是妈妈的果汁儿 **B** 那是妈妈的果汁儿

练习 연습문제

1 다음을 알맞게 연결하세요.

① 帽子 • • diànnǎo

② 袜子 • • píxié

③ 皮鞋 • • wàzi

④ 电脑 • • shūbāo

⑤ 书包 • • màozi

2 보기와 같이 주어진 단어를 사용하여 문장을 만들어 보세요.

| 보기 | 她 / 书 → 哪个是她的书？ |

① 姐姐 / 口红 → _____

② 哥哥 / 袜子 → _____

③ 妈妈 / 帽子 → _____

④ 老师 / 电脑 → _____

3 다음을 읽고 질문에 알맞은 답을 고르세요.

那不是他们的电视，是我们的。我们的电视很大，也很贵。

① 那是谁的电视？
   A. 他们的　　　　　　　　B. 我们的

② 什么很大也很贵？
   A. 我们的电视　　　　　　B. 我们的电脑

07

好不好喝?
Hǎo bu hǎohē?
맛있습니까 맛없습니까?

你喝什么茶?
Nǐ hē shénme chá?

我喝红茶。
Wǒ hē hóngchá.

红茶好不好喝?
Hóngchá hǎo bu hǎohē?

红茶很好喝。
Hóngchá hěn hǎohē.

生词

好喝	hǎohē	(음료가) 맛있다
茶	chá	차
红茶	hóngchá	홍차
中国	Zhōngguó	(地) 중국
菜	cài	요리
好吃	hǎochī	맛있다
蛋糕	dàngāo	케이크
葡萄酒	pútaojiǔ	포도주
听	tīng	듣다
韩国	Hánguó	(地) 한국
歌儿	gēr	노래
好听	hǎotīng	듣기 좋다
穿	chuān	입다, 신다
运动鞋	yùndòngxié	운동화
好看	hǎokàn	보기 좋다, 예쁘다

发音练习 7

중국어 발음의 자음과 모음을 성조와 결합하여 연습해 보세요.

① bà　② pō　③ kě　④ dì　⑤ zú
⑥ bài　⑦ gěi　⑧ pǎo　⑨ dōu　⑩ kàn
⑪ hěn　⑫ máng　⑬ shēng　⑭ dōng　⑮ nù
⑯ lù　⑰ nǚ　⑱ lǜ　⑲ jú　⑳ qù

※ 자음 [j], [q], [x] 뒤에 [ü]가 올 때에는 ¨(움라우트)를 생략하고, [u]로 표기합니다. 이때, 발음은 그대로 [ü]로 발음합니다. 자음 [j], [q], [x] 뒤에는 [i]나 [ü]만 올 수 있습니다.

语法 어법 포인트

1 好 + 동사

1) '**好** hǎo'는 감각 동사 앞에 쓰여 '좋다, 마음에 든다'는 의미를 나타낸다. 이때 **好** + **동사** 는 한 단어처럼 쓰인다.

- 好吃 hǎochī   맛있다
- 好看 hǎokàn 보기 좋다, 예쁘다
- 好喝 hǎohē   (음료가) 맛있다
- 好听 hǎotīng 듣기 좋다

① 긍정문
- (很)好吃。(Hěn) hǎochī. 맛있습니다.
- (很)好看。(Hěn) hǎokàn. 예쁩니다.

② 부정문
- 不好吃。Bù hǎochī. 맛없습니다.
- 不好看。Bù hǎokàn. 예쁘지 않습니다.

③ 의문문
- 好吃吗？Hǎochī ma? 맛있습니까?
- 好(吃)不好吃？Hǎo(chī) bù hǎochī? 맛있습니까 맛없습니까?

2) '**好**'는 동작 동사 앞에 쓰여 '쉽다, 편리하다'는 의미를 나타낸다. 긍정문과 부정문, 의문문의 형태는 위와 동일하다.

- 好买 hǎomǎi   사기 쉽다
- 好穿 hǎochuān 입기 쉽다, 신기 쉽다
- 好学 hǎoxué   배우기 쉽다

- 报纸很好买。Bàozhǐ hěn hǎomǎi. 신문은 구입하기 쉽습니다.
- 这运动鞋不好穿。Zhè yùndòngxié bù hǎochuān. 이 운동화는 신기 불편합니다.
- 汉语好(学)不好学？Hànyǔ hǎo(xué) bu hǎoxué? 중국어는 배우기 쉽습니까 쉽지 않습니까?

2 의문대명사 什么 (2) ※ 43쪽 참고

의문대명사 '**什么** shénme'는 명사를 수식하여 '어떤, 무슨, 어느'라는 의미를 가진다.

- 你喝什么茶？ Nǐ hē shénme chá? 당신은 어떤 차를 마십니까?
- 你听什么歌儿？ Nǐ tīng shénme gēr? 당신은 무슨 노래를 듣습니까?

중국어를 학습하는 대다수의 한국인들은 한국어의 어순대로 중국어를 구사하려는 경향이 있습니다. 특히 의문사를 사용한 의문문을 만들 때 어순을 틀리는 경우가 많으므로 주의해야 합니다.

- 당신은 무슨 차를 마십니까?

    你什么茶喝？ (X)
    你什么喝茶？ (X)
    你喝茶什么？ (X)
    你喝什么茶？ (O)

 看图学习 그림학습

▶ 그림을 보며 큰소리로 따라 하세요.

哥哥喝茶，吃中国菜。
Gēge hē chá, chī Zhōngguó cài.

中国菜很好吃。
Zhōngguó cài hěn hǎochī.

姐姐吃蛋糕，喝葡萄酒。
Jiějie chī dàngāo, hē pútaojiǔ.

葡萄酒很好喝。
Pútaojiǔ hěn hǎohē.

弟弟看电脑，听韩国歌儿。
Dìdi kàn diànnǎo, tīng Hánguó gēr.

韩国歌儿很好听。
Hánguó gēr hěn hǎotīng.

妹妹穿运动鞋，不穿皮鞋。
Mèimei chuān yùndòngxié, bù chuān píxié.

皮鞋不好看。
Píxié bù hǎokàn.

▶ 해석을 보며 중국어로 말해보세요.

> 형(오빠)은 차를 마시고, 중국 요리를 먹습니다.
> 중국 요리는 맛있습니다.

> 언니(누나)는 케이크를 먹고, 포도주를 마십니다.
> 포도주는 맛있습니다.

> 남동생은 컴퓨터를 보고, 한국 노래를 듣습니다.
> 한국 노래는 듣기 좋습니다.

> 여동생은 운동화를 신고, 구두를 신지 않습니다.
> 구두는 예쁘지 않습니다.

▶ 그림을 보고 질문에 답하세요.

1. 谁吃中国菜？
2. 中国菜好不好吃？
3. 姐姐喝什么酒？
4. 弟弟听什么歌儿？
5. 妹妹穿不穿皮鞋？

听力 듣기훈련

第一部分 녹음을 듣고 알맞은 것을 고르세요.

1. **A** héng - hóng   **B** hóng - héng
2. **A** zú - qǔ   **B** qú - zǔ
3. **A** rōng - lóng   **B** lōng - róng
4. **A** zhěn - chèn   **B** chěn - zhèn
5. **A** shàng - chéng   **B** chàng - shéng
6. **A** cōng - zǒng   **B** zōng - cǒng

第二部分 녹음을 듣고 질문에 알맞은 답을 고르세요.

1. **A** 很好吃   **B** 不好吃
2. **A** 韩国歌儿   **B** 都好听
3. **A** 葡萄酒   **B** 果汁儿
4. **A** 米饭   **B** 蛋糕
5. **A** 运动鞋   **B** 皮鞋
6. **A** 好看   **B** 不好看
7. **A** 喝   **B** 不喝
8. **A** 运动鞋   **B** 皮鞋
9. **A** 皮鞋   **B** 袜子
10. **A** 西瓜   **B** 苹果

练习 연습문제

1 다음 중 알맞은 것을 고르세요.

① 红茶　　hóngchá / hōngcá　　② 喝酒　　hē jiǔ / hēi qiǔ

③ 穿鞋　　cuān xié / chuān xié　　④ 听歌儿　tīng gēr / tīng'ēr

⑤ 蛋糕　　dàngāo / dàng'āo　　⑥ 运动鞋　yùndòngxié / yǔndòngxiě

2 보기와 같이 주어진 단어를 사용하여 질문에 답하세요.

> 보기　　你喝什么茶？（红茶）→ 我喝红茶。

① 你吃什么水果？（苹果）　→ _____

② 你穿什么鞋？（皮鞋）　→ _____

③ 你喝什么酒？（葡萄酒）　→ _____

④ 你听什么歌儿？（韩国歌儿）→ _____

3 다음을 알맞게 연결하세요.

① 衣服　　•　　　　　•　好学

② 汉语　　•　　　　　•　好看

③ 果汁儿　•　　　　　•　好吃

④ 中国菜　•　　　　　•　好喝

⑤ 韩国歌儿•　　　　　•　好听

08

哪国人？
Nǎ guó rén?
어느 나라 사람입니까?

您贵姓？
Nín guìxìng?

我姓李，叫李素英。
Wǒ xìng Lǐ, jiào Lǐ Sùyīng.

你是哪国人？
Nǐ shì nǎ guó rén?

我是韩国人。
Wǒ shì Hánguó rén.

生词  새로운 단어

哪国	nǎ guó	어느 나라
人	rén	사람, 인간
贵姓	guìxìng	성함, 존함
姓	xìng	성이 …이다
叫	jiào	…(이)라고 부르다
李素英	Lǐ Sùyīng	(名) 이소영
大卫	Dàwèi	(名) 데이비드
美国	Měiguó	(地) 미국
英语	Yīngyǔ	영어
同事	tóngshì	동료
王虹	Wáng Hóng	(名) 왕훙
朋友	péngyou	친구
春美	Chūnměi	(名) 하루미
日本	Rìběn	(地) 일본
大学	dàxué	대학교
同学	tóngxué	학우, 동급생

发音练习 8

1. 개음 [i]와 결합된 모음을 발음해 보세요.
   ① yà ② yě ③ yào ④ yǒu ⑤ yàn ⑥ yīn ⑦ yǎng ⑧ yíng ⑨ yóng

2. 개음 [u]와 결합된 모음을 발음해 보세요.
   ① wá ② wǒ ③ wài ④ wéi ⑤ wǎn ⑥ wèn ⑦ wāng ⑧ wēng

3. 개음 [ü]와 결합된 모음을 발음해 보세요.
   ① yuè ② yuàn ③ yún

语法 어법 포인트

1 姓과 叫

1) '姓 xìng'은 '성이 …이다'의 의미로 성씨를 묻거나 답할 때 쓰인다.

A: 您贵姓？ Nín guì xìng? 성씨가 어떻게 되세요?
B: 我姓李。 Wǒ xìng Lǐ. 이씨입니다.

2) '叫 jiào'는 이름을 묻거나 답할 때 쓰이며 '…(이)라고 부르다'라는 뜻이다. 동사 '姓'의 경우 성씨만 말할 때 주로 쓰이지만, '叫'는 성과 이름을 함께 소개하는데 주로 쓰인다.

A: 你叫什么名字？ Nǐ jiào shénme míngzi? 이름이 어떻게 되세요?
B: 我叫李素英。 Wǒ jiào Lǐ Sùyīng. 저는 이소영이라고 합니다.

> 名字 míngzi 이름

2 您贵姓？

1) "姓什么？ Xìng shénme?"라고 질문하면 주로 성만 답하는 경우가 많고, "您贵姓？ Nín guìxìng?"이라고 질문하면 성만 답하는 경우도 있고, 성과 이름을 모두 답하는 경우도 있다.

A: 你姓什么？ Nǐ xìng shénme? 성씨가 어떻게 되세요?
B: 我姓李。 Wǒ xìng Lǐ. 이가입니다.

A: 您贵姓？ Nín guìxìng? 존함이 어떻게 되세요?
B: 我叫李素英。 Wǒ jiào Lǐ Sùyīng. 저는 이소영이라고 합니다.

2) "您贵姓？"에서 '贵姓 guìxìng'은 명사로, 상대방의 성을 묻는 경어이다. 중국에서는 서비스업 종사자들이 고객의 성명을 물을 때 항상 "您贵姓？"이라는 존칭 표현을 사용한다.

A: 爷爷，您贵姓？ Yéye, nín guìxìng? 할아버지, 함자가 어떻게 되세요?
B: 我姓王。 Wǒ xìng Wáng. 나는 왕씨입니다.

A: 先生，您贵姓？ Xiānsheng, nín guìxìng? 선생님, 성함이 어떻게 되시죠?
B: 我叫李光。 Wǒ jiào Lǐ Guāng. 저는 리광이라고 합니다.

> 王 Wáng (姓) 왕
> 李光 Lǐ Guāng (名) 리광

Plus ++

Zhōngguó
中国
중국

Měiguó
美国
미국

Rìběn
日本
일본

Yīngguó
英国
영국

Fǎguó
法国
프랑스

Yìndù
印度
인도

看图学习 그림학습

▶ 그림을 보며 큰소리로 따라 하세요.

他叫大卫，是美国人。
Tā jiào Dàwèi, shì Měiguó rén.

他是妹妹的英语老师。
Tā shì mèimei de Yīngyǔ lǎoshī.

她叫李素英，是韩国人。
Tā jiào Lǐ Sùyīng, shì Hánguó rén.

她是哥哥的同事。
Tā shì gēge de tóngshì.

她叫王虹，是中国人。
Tā jiào Wáng Hóng, shì Zhōngguó rén.

她是姐姐的朋友。
Tā shì jiějie de péngyou.

她叫春美，是日本人。
Tā jiào Chūnměi, shì Rìběn rén.

她是弟弟的大学同学。
Tā shì dìdi de dàxué tóngxué.

▶ 해석을 보며 중국어로 말해보세요.

> 그의 이름은 데이비드이고, 미국인입니다.
> 그는 여동생의 영어 선생님입니다.

> 그녀의 이름은 이소영이고, 한국인입니다.
> 그녀는 형(오빠)의 동료입니다.

> 그녀의 이름은 왕훙이고, 중국인입니다.
> 그녀는 언니(누나)의 친구입니다.

> 그녀의 이름은 하루미이고, 일본인입니다.
> 그녀는 남동생의 대학 친구입니다.

▶ 그림을 보고 질문에 답하세요.

1. 大卫是哪国人？
2. 大卫是谁？
3. 李素英是中国人吗？
4. 姐姐的朋友叫什么名字？
5. 春美是谁？她是哪国人？

听力 듣기훈련

第一部分 녹음을 듣고 알맞은 것을 고르세요. 🎧47

1. **A** yǐng - yé　　　　　**B** yě - yíng
2. **A** yú - yuè　　　　　**B** yué - yù
3. **A** ài - wái　　　　　**B** wài - ái
4. **A** yǎo - áo　　　　　**B** ǎo - yáo
5. **A** óu - yǒu　　　　　**B** yóu - ǒu
6. **A** wén - wēng　　　　**B** wéng - wēn

第二部分 녹음을 듣고 질문에 알맞은 답을 고르세요. 🎧48

1. **A** 中国人　　　　　　**B** 韩国人
2. **A** 姓李　　　　　　　**B** 叫李素英
3. **A** 韩国人　　　　　　**B** 日本人
4. **A** 我同事　　　　　　**B** 我老板
5. **A** 是美国人　　　　　**B** 不是美国人
6. **A** 哥哥的同学　　　　**B** 哥哥的同事
7. **A** 中国人　　　　　　**B** 美国人
8. **A** 红茶　　　　　　　**B** 咖啡
9. **A** 日本朋友　　　　　**B** 韩国朋友
10. **A** 老板的　　　　　　**B** 同学的

练习 연습문제

1 보기 중 알맞은 것을 골라 빈칸을 채우세요.

> 보기   míngzi   Hánguó   Yīngyǔ   tóngshì   dàxué   Měiguó

① 名字 _____   ② 英语 _____   ③ 同事 _____

④ 大学 _____   ⑤ 美国 _____   ⑥ 韩国 _____

2 보기와 같이 주어진 단어를 사용하여 질문에 답하세요.

> 보기   他是哪国人？（美国） → 他是美国人。

① 她的同学是哪国人？   （韩国）   → _____

② 他的妈妈是哪国人？   （日本）   → _____

③ 爸爸的同事是哪国人？ （英国）   → _____

④ 哥哥的老板是哪国人？ （美国）   → _____

3 다음을 읽고 질문에 알맞은 답을 고르세요.

> 妹妹的大学同学叫李光。他是韩国人。他的汉语很好，英语也很好。

① 妹妹的同学姓什么？
   A. 李   B. 光

② 妹妹的同学是哪国人？
   A. 英国人   B. 韩国人

③ 李光的汉语好不好？
   A. 很好   B. 不好

09

有没有?
Yǒu méiyǒu?

있습니까 없습니까?

你有没有相机?
Nǐ yǒu méiyǒu xiàngjī?

我有相机。
Wǒ yǒu xiàngjī.

他也有相机吗?
Tā yě yǒu xiàngjī ma?

他没有相机。
Tā méiyǒu xiàngjī.

生词 새로운 단어

- 有 — yǒu — …이(가) 있다
- 没有 — méiyǒu — …이(가) 없다
- 相机 — xiàngjī — 카메라
- 眼镜 — yǎnjìng — 안경
- 镜子 — jìngzi — 거울
- U盘 — U pán — USB
- 自行车 — zìxíngchē — 자전거
- 家 — jiā — 집
- 小猫 — xiǎo māo — 고양이, 새끼 고양이
- 小狗 — xiǎo gǒu — 강아지

发音练习 9

결합모음을 자음과 함께 발음해 보세요.

① jiā ② xié ③ biǎo ④ qián
⑤ jìn ⑥ xiàng ⑦ míng ⑧ xióng
⑨ guā ⑩ duō ⑪ kuài ⑫ duān
⑬ huáng ⑭ xué ⑮ juān ⑯ qún

※ 결합모음은 [개음 + 모음]으로 이루어져 있습니다. 개음은 짧게 모음은 길게 발음해야 합니다.

语法 어법 포인트

1 有자문

동사 '有 yǒu'가 술어로 쓰인 문장을 말한다. '有'는 '…이(가) 있다', '…을(를) 가지고 있다'라는 소유의 의미로, 부정형식은 '不'가 아니라 '没'를 사용하여 '没有 méiyǒu'라고 한다.

1) 긍정문 : 주어 + 有 + 목적어

- 我有手机。 Wǒ yǒu shǒujī. 저는 휴대폰이 있습니다.
- 他有电脑。 Tā yǒu diànnǎo. 그는 컴퓨터가 있습니다.

2) 부정문 : 주어 + 没有 + 목적어

- 我不有运动鞋。（X）
  我没有运动鞋。（O）
  Wǒ méiyǒu yùndòngxié. 저는 운동화가 없습니다.

- 他们不有手机。（X）
  他们没有手机。（O）
  Tāmen méiyǒu shǒujī. 그들은 휴대폰이 없습니다.

3) 의문문

① 주어 + 有 + 목적어 + 吗 ?

- 你有手机吗？ Nǐ yǒu shǒujī ma? 당신은 휴대폰이 있습니까?
- 你没有手机吗？ Nǐ méiyǒu shǒujī ma? 당신은 휴대폰이 없습니까?

② 주어 + 有没有 + 목적어 ?

- 你有不有手机？（X）
  你有没有手机？（O）
  Nǐ yǒu méiyǒu shǒujī? 당신은 휴대폰이 있습니까 없습니까?

- 他有不有电脑？（X）
  他有没有电脑？（O）
  Tā yǒu méiyǒu diànnǎo? 그는 컴퓨터가 있습니까 없습니까?

중국의 인터넷 포탈에서는 "有木有！"라는 표현을 쉽게 찾아볼 수 있습니다. 이는 '有没有'의 변형어로 산동성·하남성 일대의 방언과 발음이 유사한 데서 유래하였다고 합니다. '有木有'는 중국의 80后, 90后(1980년, 1990년 이후 출생한 젊은 세대)들이 사용하는 인터넷 용어로 '有没有'와 뜻은 같지만, 주로 여러 개의 느낌표와 함께 사용하여 감정을 과장해서 표현할 때 쓰입니다. 이외에도 중국어 발음과 유사한 숫자나 알파벳을 이용한 인터넷 용어들이 많이 있습니다.

84 = 不是 bú shì 아니다
88 = 拜拜 bàibai Bye-bye (안녕)
98 = 酒吧 jiǔbā 술집, 바(bar)
P9 = 啤酒 píjiǔ 맥주
PY = 朋友 péngyou 친구
GG = 哥哥 gēge 형, 오빠
JJ = 姐姐 jiějie 언니, 누나
DD = 弟弟 dìdi 남동생
MM = 妹妹 mèimei 여동생
PLMM = 漂亮妹妹 piàoliang mèimei 예쁜 아가씨
+U = 加油 jiā yóu 힘 내, 파이팅
M国 = 美国 Měiguó 미국
H国 = 韩国 Hánguó 한국

看图学习 그림학습

▶ 그림을 보며 큰소리로 따라 하세요.

爸爸有眼镜。
Bàba yǒu yǎnjìng.

妈妈有镜子。
Māma yǒu jìngzi.

哥哥有U盘。
Gēge yǒu U pán.

姐姐有MP3。
Jiějie yǒu MP sān.

弟弟有自行车。
Dìdi yǒu zìxíngchē.

妹妹也有自行车。
Mèimei yě yǒu zìxíngchē.

我家没有小猫。
Wǒ jiā méiyǒu xiǎo māo.

我家有小狗。
Wǒ jiā yǒu xiǎo gǒu.

▶ 해석을 보며 중국어로 말해보세요.

아버지는 안경이 있습니다.
어머니는 거울이 있습니다.

형(오빠)은 USB가 있습니다.
언니(누나)는 MP3가 있습니다.

남동생은 자전거가 있습니다.
여동생도 자전거가 있습니다.

우리 집에는 고양이가 없습니다.
우리 집에는 강아지가 있습니다.

▶ 그림을 보고 질문에 답하세요.

1. 谁有镜子?
2. 爸爸有什么?
3. MP3是谁的?
4. 弟弟妹妹都有自行车吗?
5. 她家有没有小猫?

听力 듣기훈련

第一部分 녹음을 듣고 알맞은 것을 고르세요. 🎧52

1. **A** yǎn - yuǎn　　　　**B** yuán - yǎn
2. **A** wēn - wēng　　　　**B** wēng - wēn
3. **A** yīng - yīn　　　　**B** yīn - yīng
4. **A** wán - wáng　　　　**B** wáng - wán
5. **A** yuè - yùn　　　　**B** yùn - yuè
6. **A** yǒu - yǒng　　　　**B** yóu - yóng

第二部分 녹음을 듣고 질문에 알맞은 답을 고르세요. 🎧53

1. **A** 爸爸　　　　　　　**B** 妈妈
2. **A** 有　　　　　　　　**B** 没有
3. **A** 职员的衣服　　　　**B** 职员的帽子
4. **A** 哥哥　　　　　　　**B** 弟弟
5. **A** 好看　　　　　　　**B** 不好看
6. **A** 相机　　　　　　　**B** 手机
7. **A** 有　　　　　　　　**B** 没有
8. **A** 小猫　　　　　　　**B** 小狗
9. **A** 蛋糕　　　　　　　**B** 水果
10. **A** 没有韩国茶　　　　**B** 没有中国茶

练习 연습문제

1 보기 중 알맞은 것을 골라 빈칸을 채우세요.

> 보기   zìxíngchē   xiǎo māo   xiǎo gǒu   yǎnjìng   jìngzi   xiàngjī

① 相机 _____   ② 眼镜 _____   ③ 镜子 _____

④ 小猫 _____   ⑤ 小狗 _____   ⑥ 自行车 _____

2 보기와 같이 주어진 단어를 사용하여 질문에 답하세요.

> 보기   他有手表吗？（手机） → 他没有手表，他有手机。

① 爷爷有手机吗？（电话） → _____

② 他家有小狗吗？（小猫） → _____

③ 奶奶有镜子吗？（眼镜） → _____

④ 弟弟有电视吗？（自行车） → _____

3 알맞은 어순으로 배열하여 문장을 완성하세요.

① 선생님은 무슨 책을 가지고 있습니까?

> 有   老师   什么   书

_____

② 형(오빠)의 동료는 자전거가 있습니까 없습니까?

> 哥哥的   有   自行车   没有   同事

_____

③ 우리 집에는 전화기가 없습니다.

> 没有   我   电话   家

_____

10

要几个?

Yào jǐ ge?

몇 개 원합니까?

你要不要橘子?
Nǐ yào bu yào júzi?

我要橘子。
Wǒ yào júzi.

你要几个?
Nǐ yào jǐ ge?

我要两个。
Wǒ yào liǎng ge.

生词 새로운 단어

要	yào	원하다
几	jǐ	몇
个	ge	개, 명 (사물·사람을 세는 단위)
橘子	júzi	귤
两	liǎng	2, 둘
葡萄	pútao	포도
斤	jīn	근, 500g
草莓	cǎoméi	딸기
一	yī	1, 하나
杯	bēi	잔
啤酒	píjiǔ	맥주
听	tīng	캔, 깡통
本	běn	권

发音练习 10

틀리기 쉬운 결합모음을 정확하게 발음해 보세요.

① jiù   ② niú   ③ diū
④ guì   ⑤ duì   ⑥ huí
⑦ dùn   ⑧ lún   ⑨ kùn

※ 결합모음 [iou], [uei], [uen]은 자음이 앞에 올 때 [iu], [ui], [un]으로 표기합니다.

语法 어법 포인트

1 동사 要

'가지다, 원하다'라는 의미의 동사 '要 yào'는 실생활에서 '(식당에서) …을(를) 주문하겠다' 혹은 '(상점에서) …을(를) 사겠다'라는 의미로 쓰인다.

A: 你要什么？ Nǐ yào shénme? 무엇을 드릴까요?
B: 我要面包。 Wǒ yào miànbāo. 빵 주세요.
A: 你要不要咖啡？ Nǐ yào bu yào kāfēi? 너 커피 살 거야 말 거야?
B: 我不要咖啡。 Wǒ bú yào kāfēi. 나는 커피 안 사.

2 수량사

우리말에 '책 한 권', '종이 한 장'과 같은 대상을 세는 각기 다른 의존명사가 존재하듯, 중국어에도 사람이나 사물 등을 세는 단위가 있는데 이를 '양사(量词)'라고 한다. 우리말과 달리 수사 + 양사 + 명사 의 순으로 쓰인다.

一个人 yí ge rén 사람 한 명	一本书 yì běn shū 책 한 권	一杯水 yì bēi shuǐ 물 한 잔
一双袜子 yì shuāng wàzi 양말 한 켤레	一件衣服 yí jiàn yīfu 옷 한 벌	一瓶啤酒 yì píng píjiǔ 맥주 한 병

중국에서는 고기, 채소, 과일뿐만 아니라 만두 등을 사고 팔 때에도 양사 '斤 jīn'을 사용한다. 한국에서는 고기 한 근은 600g, 채소 한 근은 400g으로 기준이 다르지만, 중국에서는 종류와 관계없이 '一斤'은 500g으로 통일되어 있다.

- 我有一斤葡萄。 Wǒ yǒu yì jīn pútao. 저는 포도 한 근이 있습니다.
- 奶奶买两斤草莓。 Nǎinai mǎi liǎng jīn cǎoméi. 할머니는 딸기 두 근을 삽니다.

3 二과 两

'二 èr'과 '两 liǎng'은 모두 숫자 2를 나타낸다. 일반적으로 '二'은 숫자나 순번 등을 나타낼 때 쓰이고, '两'은 양사와 함께 쓰인다.

十二 shí'èr 12	二十 èrshí 20	第二课 dì èr kè 제2과
两个 liǎng ge 두 개	两斤 liǎng jīn 두 근	两本 liǎng běn 두 권

4 숫자 읽기

중국에서는 손가락으로 숫자를 표현하는 경우가 많다. 이렇게 하면 '一 yī'와 '七 qī', '四 sì'와 '十 shí' 같이 발음이 비슷하여 혼동하기 쉬운 숫자들을 쉽게 구분할 수 있기 때문이다.

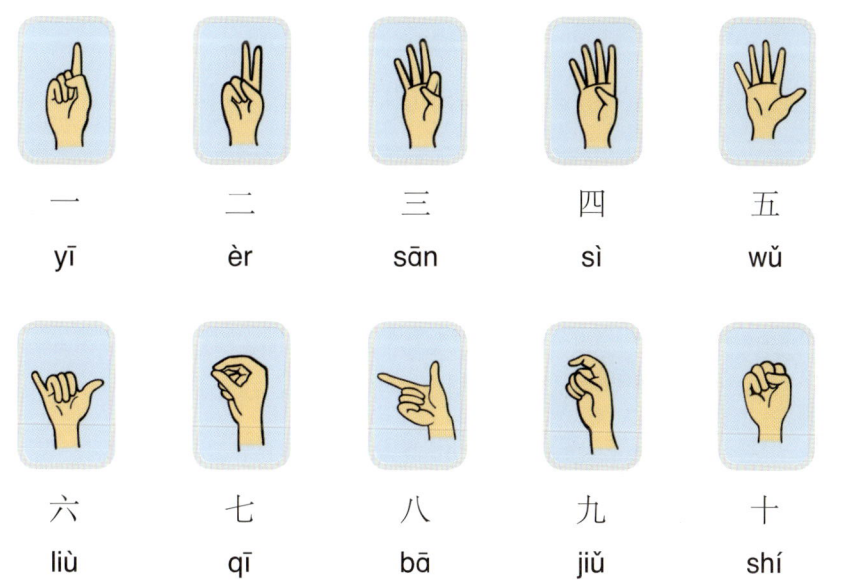

 看图学习 그림학습

▶ 그림을 보며 큰소리로 따라 하세요.

奶奶不要葡萄。
Nǎinai bú yào pútao.

她要两斤草莓。
Tā yào liǎng jīn cǎoméi.

爸爸不要果汁儿。
Bàba bú yào guǒzhīr.

他要一杯咖啡。
Tā yào yì bēi kāfēi.

哥哥不要啤酒。
Gēge bú yào píjiǔ.

他要一听可乐。
Tā yào yì tīng kělè.

妹妹不要报纸。
Mèimei bú yào bàozhǐ.

她要一本书。
Tā yào yì běn shū.

▶ 해석을 보며 중국어로 말해보세요.

할머니는 포도를 원하지 않습니다.
그녀는 딸기 두 근을 원합니다.

아버지는 주스를 원하지 않습니다.
그는 커피 한 잔을 원합니다.

형(오빠)은 맥주를 원하지 않습니다.
그는 콜라 한 캔을 원합니다.

여동생은 신문을 원하지 않습니다.
그녀는 책 한 권을 원합니다.

▶ 그림을 보고 질문에 답하세요.

1. 奶奶要什么？
2. 爸爸要不要果汁儿？
3. 哥哥要啤酒吗？
4. 哥哥要几听可乐？
5. 妹妹不要报纸吗？

听力 듣기훈련

第一部分 녹음을 듣고 알맞은 것을 고르세요.

1. **A** jiā - qià **B** qiā - jià
2. **A** yǎng - jiáng **B** yáng - jiǎng
3. **A** wēng - zhǒng **B** wěng - zhōng
4. **A** yuē - xuě **B** yē - xuě
5. **A** wǒ - duō **B** wó - duó
6. **A** huàn - shuǎng **B** huàn - shǎng

第二部分 녹음을 듣고 질문에 알맞은 답을 고르세요.

1. **A** 葡萄 **B** 草莓
2. **A** 西红柿 **B** 香蕉
3. **A** 弟弟 **B** 哥哥
4. **A** 要红茶 **B** 不要红茶
5. **A** 一个 **B** 两个
6. **A** 水果 **B** 鸡蛋
7. **A** 咖啡 **B** 果汁儿
8. **A** 不要电脑 **B** 电脑、手机都要
9. **A** 妈妈 **B** 奶奶
10. **A** 牛奶 **B** 果汁儿

练习 연습문제

1 다음 단어의 성조를 표기하세요.

① 橘子　juzi　　　② 葡萄　putao　　　③ 果汁儿　guozhir

④ 草莓　caomei　　⑤ 啤酒　pijiu　　　⑥ 可乐　kele

⑦ 十四　shisi　　　⑧ 二十　ershi　　　⑨ 两个　liang ge

2 양사 '件，杯，本，斤，个'를 사용하여 빈칸을 채우세요.

① 一　☐　书　　　　② 两　☐　汉堡

③ 三　☐　水果　　　④ 四　☐　啤酒

⑤ 五　☐　咖啡　　　⑥ 六　☐　葡萄

⑦ 七　☐　衣服　　　⑧ 八　☐　词典

⑨ 九　☐　人　　　　⑩ 十　☐　口红

3 보기와 같이 주어진 단어를 사용하여 문장을 만들어 보세요.

> **보기**　妈妈 / 草莓 / 苹果　→　妈妈不要草莓，她要苹果。

① 姐姐 / 牛奶 / 咖啡　→ _____

② 哥哥 / 可乐 / 果汁儿　→ _____

③ 爸爸 / 汉语书 / 报纸　→ _____

④ 奶奶 / 面包 / 蛋糕　→ _____

⑤ 弟弟 / 米饭 / 汉堡　→ _____

11

在哪儿?

Zài nǎr?

어디에 있습니까?

书桌在哪儿?
Shūzhuō zài nǎr?

书桌在这儿。
Shūzhuō zài zhèr.

椅子呢?
Yǐzi ne?

椅子在那儿。
Yǐzi zài nàr.

生词 새로운 단어

在	zài	…에 있다
哪儿	nǎr	어디
书桌	shūzhuō	책상
这儿	zhèr	여기
椅子	yǐzi	의자
呢	ne	의문 어기조사
那儿	nàr	그곳, 저곳
空调	kōngtiáo	에어컨
沙发	shāfā	소파
冰箱	bīngxiāng	냉장고
床	chuáng	침대
上边儿	shàngbianr	위쪽
右边儿	yòubianr	오른쪽, 우측
里边儿	lǐbianr	안쪽
旁边儿	pángbiānr	옆쪽

发音练习 11

성조에 유의하여 발음해 보세요.

①	bà	gē	nà	kè
②	dī	jǐ	zhī	cì
③	ma	ba	ne	le
④	dào	tái	gāng	bàn
⑤	bié	dōu	dōng	lěng
⑥	duì	jiǔ	guì	qiú

※ 성조 표기는 주요 모음 위에 표기하며, 주요 모음은 a > o, e > i, u, ü 순서입니다.

语法 어법 포인트

1 방위사

방위사는 위치, 방향 등을 나타낼 때 사용된다.

上边儿 shàngbianr 위쪽	里边儿 lǐbianr 안쪽	前边儿 qiánbianr 앞쪽	左边儿 zuǒbianr 왼쪽
			右边儿 yòubianr 오른쪽
下边儿 xiàbianr 아래쪽	外边儿 wàibianr 바깥쪽	后边儿 hòubianr 뒤쪽	旁边儿 pángbiānr 옆쪽

사물 등의 보통명사를 장소화 시킬 경우 반드시 명사 뒤에 방위사를 붙여야 하지만, 나라 이름이나 지명 뒤에는 생략한다.

- 手机在冰箱。　　　　（X）
  手机在冰箱上边儿。（O）
  Shǒujī zài bīngxiāng shàngbianr. 휴대폰은 냉장고 위쪽에 있습니다.

- 王虹不在北京里边儿。（X）
  王虹不在北京。　　　（O）
  Wáng Hóng bú zài Běijīng. 왕홍은 베이징에 없습니다.

北京 Běijīng （地）베이징

2 존재를 나타내는 有와 在

'有 yǒu'와 '在 zài'는 모두 사람이나 사물의 존재를 나타내는 동사이다.

1) 장소 + 有 + 사람/사물 : …에 …이(가) 있다
   - 那儿有谁？ Nàr yǒu shéi? 저기에 누가 있습니까?
   - 桌子上有一本书。 Zhuōzi shang yǒu yì běn shū. 탁자 위에 책 한 권이 있습니다.

   > 桌子 zhuōzi 탁자

2) 사람/사물 + 在 + 장소 : …이(가) …에 있다
   - 爸爸在北京。 Bàba zài Běijīng. 아버지는 베이징에 있습니다.
   - 你的词典在这儿。 Nǐ de cídiǎn zài zhèr. 당신의 사전은 여기에 있습니다.

3 생략형 의문조사 呢

주어 뒤에 의문조사 '呢 ne'를 붙여 술어 부분이 생략된 의문문을 만들 수 있다.

1) '어디에 있는지'를 묻는다.
   - 他呢？ = 他在哪儿？
     Tā ne? = Tā zài nǎr? 그는요? = 그는 어디 있습니까?
   - 你的椅子呢？ = 你的椅子在哪儿？
     Nǐ de yǐzi ne? = Nǐ de yǐzi zài nǎr? 당신의 의자는요? = 당신의 의자는 어디 있습니까?

2) 앞뒤 문맥을 통해 무엇을 묻는지 알 수 있다.
   - 我喝牛奶，你呢？ Wǒ hē niúnǎi, nǐ ne? 저는 우유를 마시는데, 당신은요?
   - 爸爸来，妈妈呢？ Bàba lái, māma ne? 아버지는 오시는데, 어머니는요?
   - 哥哥去吗？弟弟呢？ Gēge qù ma? Dìdi ne? 형(오빠)은 갑니까? 남동생은요?

▶ 그림을 보며 큰소리로 따라 하세요.

空调在冰箱上边儿。
Kōngtiáo zài bīngxiāng shàngbianr.

沙发在床右边儿。
Shāfā zài chuáng yòubianr.

牛奶在冰箱里边儿。
Niúnǎi zài bīngxiāng lǐbianr.

手机在电脑旁边儿。
Shǒujī zài diànnǎo pángbianr.

▶ 해석을 보며 중국어로 말해보세요.

> 에어컨은 냉장고 위에 있습니다.
> 소파는 침대 오른쪽에 있습니다.
> 우유는 냉장고 안에 있습니다.
> 휴대폰은 컴퓨터 옆에 있습니다.

▶ 그림을 보고 질문에 답하세요.

1. 眼镜在哪儿?
2. 床在这儿吗?
3. 电视在不在那儿?
4. 冰箱上边儿有什么?
5. 这儿有没有袜子?

听力 듣기훈련

第一部分 녹음을 듣고 알맞은 것을 고르세요. 🎧62

1. **A** yuán - xuàn   **B** yuán - xuǎn
2. **A** jún - yūn   **B** jùn - yūn
3. **A** xióng - yǒng   **B** xiǎng - yǒng
4. **A** wéi - guì   **B** wěi - huì
5. **A** niú - yòu   **B** niú - yōu
6. **A** lūn - rěn   **B** wén - rěn

第二部分 녹음을 듣고 질문에 알맞은 답을 고르세요. 🎧63

1. **A** 在这儿   **B** 在那儿
2. **A** 在桌子上边儿   **B** 在桌子前边儿
3. **A** 在冰箱外边儿   **B** 在冰箱里边儿
4. **A** 在床右边儿   **B** 在床左边儿
5. **A** 有书包   **B** 没有书包
6. **A** 电话   **B** 眼镜
7. **A** 沙发、空调   **B** 袜子、衣服
8. **A** 在我前边儿   **B** 在我后边儿
9. **A** 在书包里边儿   **B** 在书包外边儿
10. **A** 奶奶   **B** 爷爷

练习 연습문제

1 다음 보기 중 알맞은 것을 골라 빈칸에 써 넣으세요.

> 보기 kōngtiáo   shāfā   zhuōzi   bīngxiāng
> 　　　diànshì   chuáng   yǐzi   shǒujī

① 桌子 _____　　② 手机 _____

③ 电视 _____　　④ 空调 _____

⑤ 冰箱 _____　　⑥ 椅子 _____

⑦ 沙发 _____　　⑧ 床 _____

2 동사 '在, 有'를 사용하여 문장을 완성하세요.

① 爷爷 _____ 哪儿?

② 空调 _____ 冰箱上边儿。

③ 桌子上边儿 _____ 一本书。

④ 沙发下边儿 _____ 运动鞋。

⑤ 面包旁边儿 _____ 牛奶。

⑥ 眼镜 _____ 电视前边儿。

3 다음을 읽고 질문에 알맞은 답을 고르세요.

> 手机在桌子上边儿，桌子上边儿也有眼镜。

① 手机在哪儿?

　A. 桌子上边儿　　B. 桌子下边儿

② 桌子上边儿都有什么?

　A. 手机　　　　　B. 手机、眼镜

11 在哪儿?

12

几月几号?

Jǐ yuè jǐ hào?

몇 월 며칠입니까?

 今天几月几号?
Jīntiān jǐ yuè jǐ hào?

 今天六月十号。
Jīntiān liù yuè shí hào.

 明天星期几?
Míngtiān xīngqī jǐ?

 明天星期天。
Míngtiān xīngqītiān.

生词 새로운 단어

月	yuè	월
号	hào	일
今天	jīntiān	오늘
明天	míngtiān	내일
星期	xīngqī	주, 요일
星期天	xīngqītiān	일요일
上(个)月	shàng (ge) yuè	지난달
下(个)月	xià (ge) yuè	다음 달
昨天	zuótiān	어제
生日	shēngrì	생일
星期一	xīngqīyī	월요일
到	dào	…까지
星期五	xīngqīwǔ	금요일
平日	píngrì	평일
星期六	xīngqīliù	토요일
和	hé	…와(과)
周末	zhōumò	주말

发音练习 12

경성에 유의하여 발음해 보세요.

① māma　② nǎinai　③ tā de　④ nǐ de
⑤ nǎge　⑥ zhège　⑦ zhuōzi　⑧ yǐzi
⑨ tāmen　⑩ wǒmen　⑪ shénme　⑫ zěnme
⑬ shuō yi shuō　⑭ lái bu lái　⑮ hǎo bu hǎo　⑯ kàn yi kàn

※ 경성은 짧고 가볍게 발음하며, 경성의 음높이는 앞 음절의 성조에 따라 달라집니다.

语法 어법 포인트

1 명사술어문

명사가 술어 역할을 하는 문장을 '명사술어문'이라 하며, 시간이나 나이, 출생지, 수량 등을 표현할 때 주로 쓰인다. 긍정문의 경우 '是 shì'는 생략 할 수 있지만, 부정문의 경우 생략할 수 없다.

- 我（是）二十一岁。
  Wǒ (shì) èrshíyī suì. 저는 스물한 살입니다.
- 他（是）北京人，我不是北京人。
  Tā (shì) Běijīng rén, wǒ bú shì Běijīng rén. 그는 베이징 사람이고, 저는 베이징 사람이 아닙니다.
- 今天（是）八月六号。
  Jīntiān (shì) bā yuè liù hào. 오늘은 8월 6일입니다.
- 今天不是八月八号。
  Jīntiān bú shì bā yuè bā hào. 오늘은 8월 8일이 아닙니다.

> 岁 suì 살, 세 (나이를 세는 단위)

2 날짜 표현

1) 날짜 표현은 한국어와 마찬가지로 년, 월, 일 순서로 쓴다. 하지만 중국어로 년도를 읽을 때는 숫자를 하나하나 따로 떼어 읽는다. 예를 들어 '2013년'은 '二零一三年 èr líng yī sān nián'으로 읽는다.

- 2013년 6월 19일 수요일
  2013年 6月 19号 星期三
  Èr líng yī sān nián liù yuè shíjiǔ hào xīngqīsān

> 零 líng 0, 영
> 年 nián 년, 해
> 星期三 xīngqīsān 수요일

2) '몇 월 며칠'은 '几月几日 jǐ yuè jǐ rì'(문어체) 또는 '几月几号 jǐ yuè jǐ hào'(구어체)로 표현한다. 이는 말할 때 '日 rì'보다 '号 hào'가 발음이 쉽기 때문이다. 마찬가지로 일요일도 문어체에서는 '星期日 xīngqīrì'로, 구어체에서는 '星期天 xīngqītiān'으로 많이 표현한다.

3 시간명사 (1)

上（个）星期 Shàng (ge) xīngqī 지난주		这（个）星期 zhè (ge) xīngqī 이번 주		下（个）星期 xià (ge) xīngqī 다음 주
上（个）月 Shàng (ge) yuè 지난달		这（个）月 zhè (ge) yuè 이번 달		下（个）月 xià (ge) yuè 다음 달
前天 qiántiān 그저께	昨天 zuótiān 어제	今天 jīntiān 오늘	明天 míngtiān 내일	后天 hòutiān 모레
前年 qiánnián 재작년	去年 qùnián 작년	今年 jīnnián 올해	明年 míngnián 내년	后年 hòunián 내후년

중국어의 요일 표현에는 '星期 xīngqī', '礼拜 lǐbài', '周 zhōu'를 모두 사용합니다. '礼拜'는 기독교 문화에서 나온 표현 방식으로 '예배하는 날', 즉 일요일을 '礼拜天 lǐbàitiān'이라고 하면서 월요일, 화요일 등도 '礼拜一 lǐbàiyī, 礼拜二 lǐbài'èr'로 표현한 데에서 유래하였습니다. '周'는 발음이 상대적으로 어렵긴 하지만 쓰기가 쉬워서 문어체로 주로 사용되었으나, 시대의 변화와 세대의 교체로 요즘 중국에서는 주로 '周'를 사용하여 요일 표현을 하는 경우가 많습니다.

A: 我们下周三去，好不好?
　　Wǒmen xià zhōusān qù, hǎo bu hǎo? 우리 다음 주 수요일에 가는 게 어때?

B: 我周三周四都不行。
　　Wǒ zhōusān zhōusì dōu bùxíng. 나 수요일 목요일 둘 다 안 돼.

下周 xià zhōu 다음 주
周三 zhōusān 수요일
周四 zhōusì 목요일
不行 bùxíng 안 된다

 看图学习 그림학습

▶ 그림을 보며 큰소리로 따라 하세요.

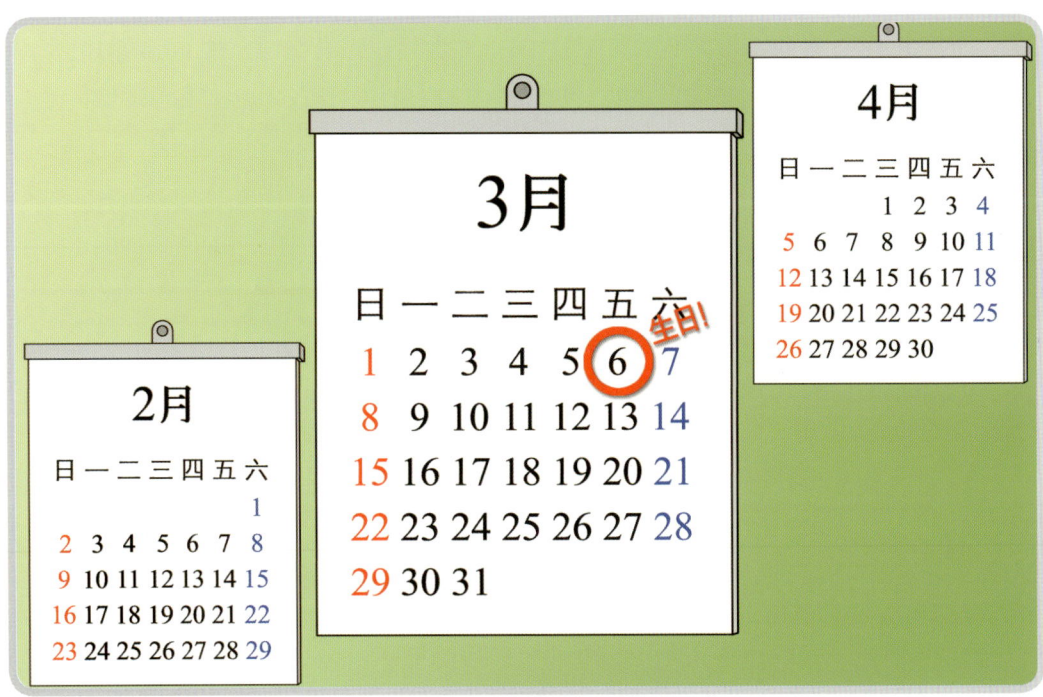

上个月是二月，下个月是四月。
Shàng ge yuè shì èr yuè, xià ge yuè shì sì yuè.

昨天三月六号是我的生日。
Zuótiān sān yuè liù hào shì wǒ de shēngrì.

星期一到星期五是平日。
Xīngqīyī dào xīngqīwǔ shì píngrì.

星期六和星期天是周末。
Xīngqīliù hé xīngqītiān shì zhōumò.

▶ 해석을 보며 중국어로 말해보세요.

> 지난달은 2월이고, 다음 달은 4월입니다.
> 어제 3월 6일은 제 생일이었습니다.
> 월요일부터 금요일까지는 평일입니다.
> 토요일과 일요일은 주말입니다.

▶ 그림을 보고 질문에 답하세요.

1. 今天是星期天吗？
2. 明天是不是星期一？
3. 二月十六号是星期几？
4. 上个月是几月？下个月呢？
5. 四月二十三号是不是星期四？

听力 듣기훈련

第一部分 녹음을 듣고 알맞은 것을 고르세요.

1. **A** jué - jiě   **B** jié - juě
2. **A** zhuā - jià   **B** jiā - zhuà
3. **A** xiàn - xuán   **B** xuàn - xián
4. **A** chùn - qún   **B** qùn - chún
5. **A** jiú - xiǎo   **B** jiǔ - xiáo
6. **A** zuì - cuò   **B** cuì - zuò

第二部分 녹음을 듣고 질문에 알맞은 답을 고르세요.

1. **A** 是明天   **B** 不是明天
2. **A** 三月八号   **B** 三月九号
3. **A** 是高中生   **B** 不是高中生
4. **A** 五月   **B** 六月
5. **A** 七月六号   **B** 七月七号
6. **A** 星期五   **B** 星期六
7. **A** 是平日   **B** 是周末
8. **A** 2025年   **B** 2028年
9. **A** 冰箱   **B** 电视
10. **A** 在韩国   **B** 不在韩国

练习 연습문제

1 다음 단어의 성조를 표기하세요.

① 周末 zhoumo ② 生日 shengri ③ 星期天 xingqitian

④ 后天 houtian ⑤ 明年 mingnian ⑥ 前天 qiantian

⑦ 去年 qunian ⑧ 昨天 zuotian ⑨ 星期六 xingqiliu

2 알맞은 것을 골라 문장을 완성하세요.

① 我这个 (A. 星期六, B. 星期天) 去中国。 저는 이번 주 토요일에 중국에 갑니다.

② 我哥哥 (A. 上个月, B. 下个月) 来韩国。 우리 오빠는 다음 달에 한국에 옵니다.

③ (A. 上个星期二, B. 下个星期二) 是我的生日。 지난주 화요일은 제 생일이었습니다.

④ (A. 明年, B. 明天) 你去学校吗? 당신은 내일 학교에 갑니까?

⑤ (A. 前天, B. 后天) 你去哪儿? 당신은 모레 어디에 갑니까?

3 빈칸을 채워 표를 완성하세요.

그저께	어제	오늘	내일	모레
前天		今天		后天

재작년	작년	올해	내년	내후년
	去年		明年	

월요일	화요일	수요일	목요일	금요일	토요일	일요일
星期一		星期三			星期六	

13

现在几点?
Xiànzài jǐ diǎn?
지금 몇 시입니까?

现在几点?
Xiànzài jǐ diǎn?

两点零五分。
Liǎng diǎn líng wǔ fēn.

你几点下班?
Nǐ jǐ diǎn xià bān?

我六点半下班。
Wǒ liù diǎn bàn xià bān.

生词 새로운 단어

□	现在	xiànzài	지금
□	点	diǎn	시
□	零	líng	0, 영
□	分	fēn	분
□	下班	xià bān	퇴근하다
□	半	bàn	반, 절반
□	早上	zǎoshang	아침
□	起床	qǐ chuáng	기상하다
□	早饭	zǎofàn	아침밥
□	上午	shàngwǔ	오전
□	上班	shàng bān	출근하다
□	中午	zhōngwǔ	정오
□	刻	kè	15분 (시간을 세는 단위)
□	午饭	wǔfàn	점심밥
□	下午	xiàwǔ	오후
□	开会	kāi huì	회의하다
□	回家	huí jiā	귀가하다
□	晚上	wǎnshang	저녁
□	跑步	pǎo bù	달리기를 하다
□	差	chà	부족하다, 모자라다
□	睡觉	shuì jiào	잠자다

 13

제3성의 변화에 유의하여 발음해 보세요.

① Wǒ hē   ② Wǒ lái   ③ Wǒ kàn   ④ Wǒ de   ⑤ Nǐ hǎo   ⑥ Wǒ mǎi

语法 어법 포인트

1 시간 표현

시간을 표현하고자 할 때는 '**点(钟)** diǎn(zhōng)', '**分** fēn', '**刻** kè', '**差** chà' 등의 단어를 반드시 기억해야 한다. 2시는 '**二点** èr diǎn'이 아니라 '**两点** liǎng diǎn'이라고 하고, 10분 미만의 시간을 표현할 때는 숫자 앞에 '**零** líng'을 붙여 읽는다.

现在几点？ Xiànzài jǐ diǎn?		
🕑	两点零五分 liǎng diǎn líng wǔ fēn	两点零五 liǎng diǎn líng wǔ
🕝	两点十五分 liǎng diǎn shíwǔ fēn	两点一刻 liǎng diǎn yí kè
🕝	两点三十分 liǎng diǎn sānshí fēn	两点半 liǎng diǎn bàn
🕝	两点四十五分 liǎng diǎn sìshíwǔ fēn	差一刻三点 chà yí kè sān diǎn
🕝	两点五十五分 liǎng diǎn wǔshíwǔ fēn	差五分三点 chà wǔ fēn sān diǎn

2 시간명사 (2) ※ 115쪽 참고

早上 zǎoshang 아침	上午 shàngwǔ 오전	中午 zhōngwǔ 정오	下午 xiàwǔ 오후	晚上 wǎnshang 저녁

3 시간사의 위치

시간사를 사용하여 어떤 동작이 일어난 시간을 표현할 수 있다. 시간사는 주어 앞뒤에 위치할 수 있으며, 여러 개의 시간사를 동시에 쓸 때에는 큰 단위부터 차례대로 배열한다.

- 我早上七点起床。
  Wǒ zǎoshang qī diǎn qǐ chuáng.   저는 아침 7시에 일어납니다.
- 这星期六你做什么？
  Zhè xīngqīliù nǐ zuò shénme?   이번 주 토요일에 당신은 무엇을 합니까?

> 做 zuò 하다

Plus ++

중국 영화에는 "上! Shàng!"이라는 표현이 자주 등장합니다. 동사 '上'은 단독적으로 쓰이거나 여러 가지 목적어와 함께 쓰여 다양한 의미를 나타내는 개성이 아주 풍부한 동사로, 중국인들의 일상생활과 밀접하게 관련되어 온 국민이 애용하는 어휘입니다.

- 你上哪儿？ Nǐ shàng nǎr? 당신은 어디에 갑니까?
- 他在家上网。 Tā zài jiā shàng wǎng. 그는 집에서 인터넷을 합니다.

> 上 shàng 가다, 오르다
> 上网 shàng wǎng 인터넷을 하다

上山 shàng shān 등산하다	↔	下山 xià shān 하산하다
上车 shàng chē 승차하다	↔	下车 xià chē 하차하다
上课 shàng kè 수업하다	↔	下课 xià kè 수업을 마치다
上学 shàng xué 등교하다	↔	放学 fàng xué 하교하다
上班 shàng bān 출근하다, 근무하다	↔	下班 xià bān 퇴근하다

▶ 그림을 보며 큰소리로 따라 하세요.

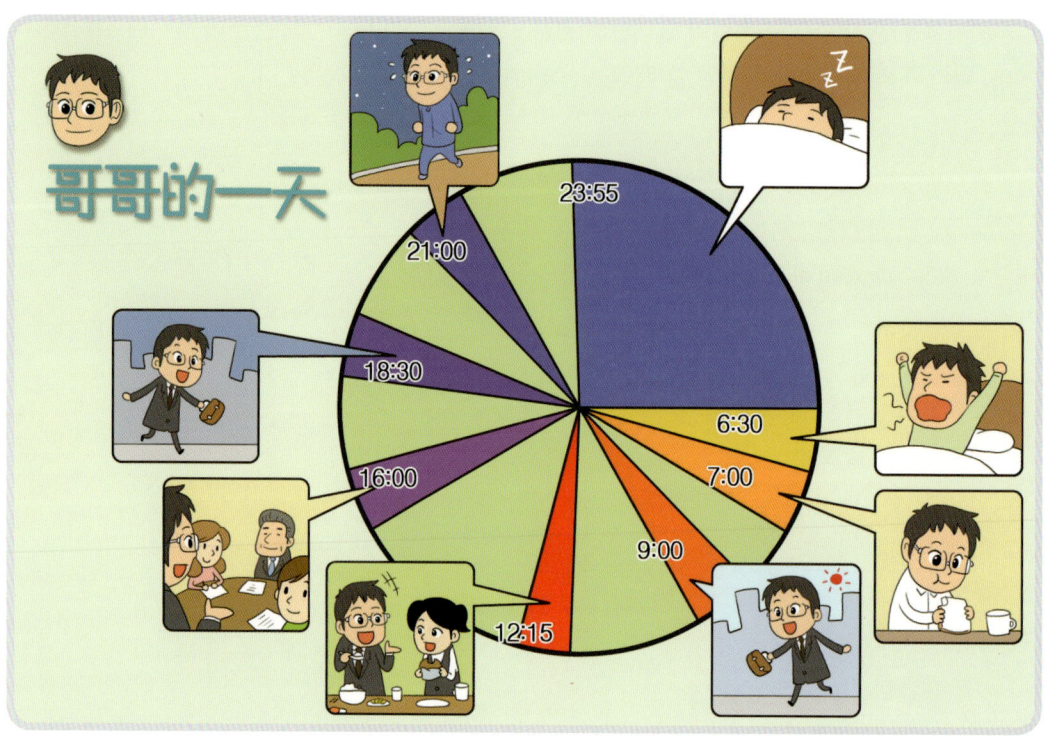

哥哥早上六点半起床，七点吃早饭。
Gēge zǎoshang liù diǎn bàn qǐ chuáng, qī diǎn chī zǎofàn.

上午九点上班，中午十二点一刻吃午饭。
Shàngwǔ jiǔ diǎn shàng bān, zhōngwǔ shí'èr diǎn yí kè chī wǔfàn.

下午四点开会，六点半下班回家。
Xiàwǔ sì diǎn kāi huì, liù diǎn bàn xià bān huí jiā.

晚上九点跑步，差五分十二点睡觉。
Wǎnshang jiǔ diǎn pǎo bù, chà wǔ fēn shí'èr diǎn shuì jiào.

▶ 해석을 보며 중국어로 말해보세요.

> 형(오빠)은 아침 6시 반에 일어나서, 7시에 아침을 먹습니다.
> 오전 9시에 출근하고, 정오 12시 15분에 점심을 먹습니다.
> 오후 4시에 회의를 하고, 6시 반에 퇴근하여 귀가합니다.
> 저녁 9시에는 달리기를 하고, 12시 5분 전에 잠을 잡니다.

▶ 그림을 보고 질문에 답하세요.

1. 哥哥几点睡觉?
2. 他早上几点起床?
3. 他早上吃不吃早饭?
4. 他上午八点上班吗?
5. 他下午四点做什么?

听力 듣기훈련

第一部分 녹음을 듣고 알맞은 것을 고르세요.

1. **A** bú chǎng bú duǎn　　**B** bù cháng bù duǎn
2. **A** bú dà bù xiǎo　　**B** bú dà bú xiǎo
3. **A** bú kuài bú màn　　**B** bù kuài bù màn
4. **A** yī yuè yī hào　　**B** yí yuè yí hào
5. **A** yī nián sìjì　　**B** yì nián sìjī
6. **A** yíqiè shùnlì　　**B** yíqiè shǔnlì

第二部分 녹음을 듣고 질문에 알맞은 답을 고르세요.

1. **A** 起床　　**B** 去公司
2. **A** 米饭　　**B** 面包
3. **A** 两点十五分　　**B** 两点四十五分
4. **A** 八点半　　**B** 九点半
5. **A** 早上七点　　**B** 晚上七点
6. **A** 八点零五分　　**B** 七点五十五分
7. **A** 差五分六点　　**B** 差十分六点
8. **A** 吃早饭　　**B** 不吃早饭
9. **A** 听歌儿　　**B** 看电视
10. **A** 十一点　　**B** 十点五十

练习 연습문제

1 다음 단어의 성조를 표기하세요.

① 睡觉 shui jiao   ② 起床 qi chuang   ③ 上班 shang ban

④ 晚上 wanshang   ⑤ 跑步 pao bu   ⑥ 开会 kai hui

⑦ 回家 hui jia   ⑧ 吃饭 chi fan   ⑨ 下班 xia ban

2 보기와 같이 '上午, 中午, 下午'를 사용하여 질문에 답하세요.

> 보기 13:00 你几点开会？ → 我下午一点开会。

① 21:30 你几点睡觉？ → _____

② 7:00   你几点起床？ → _____

③ 8:00   你几点跑步？ → _____

④ 18:00 你几点下班？ → _____

3 알맞은 어순으로 배열하여 문장을 완성하세요.

① 어머니는 아침 6시 30분에 일어납니다.

  六点半   早上   起床   妈妈

  _____

② 당신은 오후 5시 30분에 퇴근합니까 안 합니까?

  五点半   是不是   你   下班   下午

  _____

③ 당신의 아버지는 아침 몇 시에 출근합니까?

  爸爸   几点   上班   早上   你

  _____

14

多少钱?
Duōshao qián?

얼마입니까?

苹果多少钱?
Píngguǒ duōshao qián?

六块钱一斤。
Liù kuài qián yì jīn.

我要三斤。
Wǒ yào sān jīn.

一共十八块钱。
Yígòng shíbā kuài qián.

☐ 多少	duōshao	얼마, 몇
☐ 钱	qián	돈
☐ 块	kuài	위안 (화폐 단위)
☐ 一共	yígòng	모두, 합계
☐ 香蕉	xiāngjiāo	바나나
☐ 梨	lí	배
☐ 西红柿	xīhóngshì	토마토
☐ 毛	máo	마오 (화폐 단위)

发音练习 14

1. '不'의 성조 변화에 유의하여 발음해 보세요.
   ① bù tīng   ② bù lái   ③ bù mǎi   ④ bú qù

2. '一'의 성조 변화에 유의하여 발음해 보세요.
   ① yì bēi   ② yì pán   ③ yì wǎn   ④ yíwàn

语法 어법 포인트

1 중국의 화폐단위

1) 중국 화폐의 정식 명칭은 '**人民币** Rénmínbì'이며, 한국에서는 흔히 위안화라고 한다. 중국 화폐 단위는 '**元** yuán, **角** jiǎo, **分** fēn'이며, 실제 사용하는 지폐에는 '元'이 아닌 '圆 yuán'으로 인쇄 되어 있다. 구어에서는 '元, 角' 대신 '块 kuài, 毛 máo'라 한다.

| 十块钱 | 二十块钱 | 五十块钱 | 一百块钱 |
| shí kuài qián | èrshí kuài qián | wǔshí kuài qián | yìbǎi kuài qián |

2) '元'보다 작은 화폐 단위가 마지막에 위치하면 단위를 생략할 수 있다.
- 两块二(毛)　liǎng kuài èr (máo)　2위안 2마오
- 二十三块五(毛)　èrshísān kuài wǔ (máo)　23위안 5마오

> 百 bǎi 100, 백

2 都와 一共

'**都** dōu'는 사람이나 사물의 범위를 총괄하는데 반해, '**一共** yígòng'은 수량을 총괄하기 때문에 반드 시 뒤에 수량사를 동반해야 한다.

- 这儿都有什么？Zhèr dōu yǒu shénme?　여기는 어떤 것들이 있습니까?
- 你家都有什么人？Nǐ jiā dōu yǒu shénme rén?　당신의 가족 구성원은 어떻게 됩니까?
- 一共有几个？Yígòng yǒu jǐ ge?　모두 몇 개가 있습니까?
- 你家一共有几口人？Nǐ jiā yígòng yǒu jǐ kǒu rén?　가족이 모두 몇 명입니까?

3 几와 多少

1) '几 jǐ'는 일반적으로 10 미만의 수나 이미 알고 있는 수량을 예상하여 구체적으로 '몇'이라고 물을 경우에 쓰이며, 주로 양사와 함께 사용한다.

- 你买几斤苹果？ Nǐ mǎi jǐ jīn píngguǒ? 사과 몇 근을 삽니까?
- 你家有几口人？ Nǐ jiā yǒu jǐ kǒu rén? 식구가 몇 명 있습니까?

2) '多少 duōshao'는 수의 제한이 없고 양사 생략도 가능하다.

- 你要多少？ Nǐ yào duōshao? 얼마를 원합니까?
- 学校有多少个人？ Xuéxiào yǒu duōshao ge rén? 학교에는 몇 명이 있습니까?

4 숫자 읽기

1) '二 èr'과 '两 liǎng'은 둘 다 '2'라는 수를 나타내지만 쓰임에 차이가 있다. 십 단위에서는 二을 쓰는 것이 일반적이고, 백 단위에서는 '二'과 '两'을 모두 쓸 수 있지만 천(千 qiān), 만(万 wàn), 억(亿 yì) 단위에서는 '两'을 쓰는 것이 일반적이다.

2元 两块 liǎng kuài	12元 十二块 shí'èr kuài	20元 二十块 èrshí kuài
22元 二十二块 èrshí'èr kuài	120元 一百二十块 yìbǎi èrshí kuài	200元 二百块（两百块） èrbǎi kuài (liǎngbǎi kuài)
2000元 两千块 liǎngqiān kuài	20000元 两万块 liǎngwàn kuài	22222元 两万两千二百二十二块 liǎngwàn liǎngqiān èrbǎi èrshí'èr kuài

2) '零 líng'은 '0'이라는 숫자를 나타내며 3자리 이상의 숫자 사이에 0이 있을 때에는 반드시 '零'을 사용해야 한다. 숫자 사이에 '0'이 여러 번 계속되어도 '零'은 한 번만 읽으며, 숫자의 뒷자리에 '0'이 있을 때는 '零'을 쓰지 않는다.

2202 两千二百零二 liǎngqiān èrbǎi líng èr	20022 两万零二十二 liǎngwàn líng èrshí'èr	22000 两万二 liǎngwàn èr

▶ 그림을 보며 큰소리로 따라 하세요.

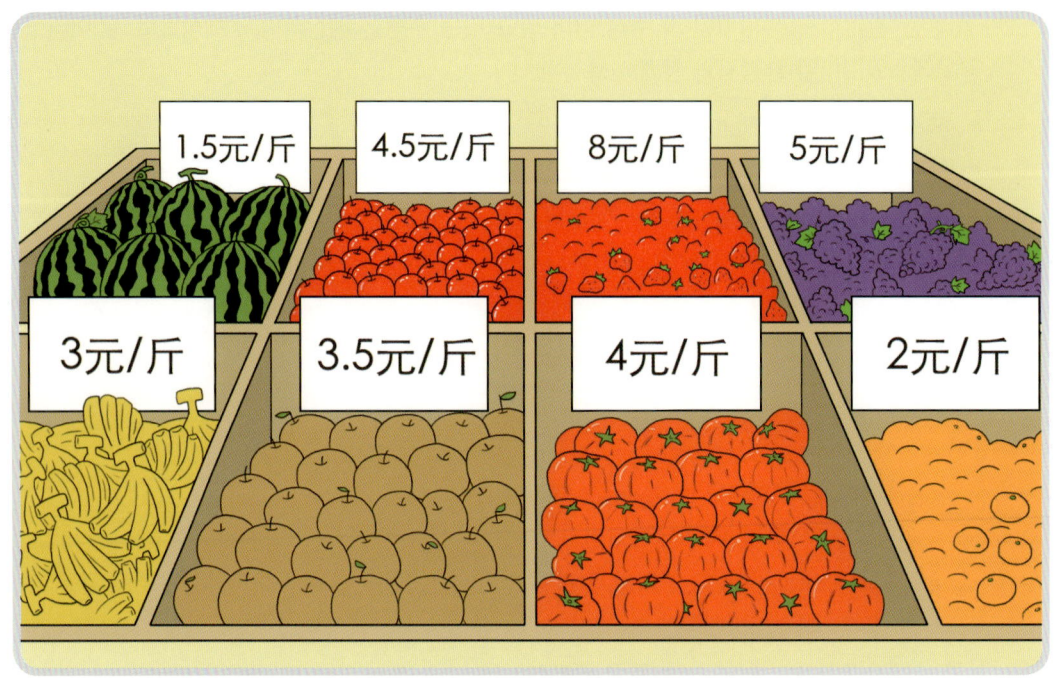

爷爷买三斤香蕉，一共九块钱。
Yéye mǎi sān jīn xiāngjiāo, yígòng jiǔ kuài qián.

奶奶买三斤梨，一共十块五毛。
Nǎinai mǎi sān jīn lí, yígòng shí kuài wǔ máo.

妈妈买一斤西红柿，一共四块钱。
Māma mǎi yì jīn xīhóngshì, yígòng sì kuài qián.

姐姐要五斤橘子，一共十块钱。
Jiějie yào wǔ jīn júzi, yígòng shí kuài qián.

▶ 해석을 보며 중국어로 말해보세요.

> 할아버지는 바나나를 세 근 사서, 모두 9위안입니다.
> 할머니는 배를 세 근 사서, 모두 10위안 5마오입니다.
> 어머니는 토마토를 한 근 사서, 모두 4위안입니다.
> 언니(누나)는 귤을 다섯 근 원해서, 모두 10위안입니다.

▶ 그림을 부고 질문에 답하세요.

1. 西瓜多少钱一斤？
2. 三斤香蕉多少钱？
3. 五斤西红柿是二十块钱吗？
4. 买七斤香蕉，一共多少钱？
5. 买五斤西瓜和三斤香蕉，一共多少钱？

听力 듣기훈련

第一部分 녹음을 듣고 알맞은 것을 고르세요. 🎧77

1. **A** fēi lǎi fěi qù   **B** fēi lái fēi qù
2. **A** tóngbān tóngxué   **B** tóngbān tóngxuě
3. **A** táo jià huǎn jià   **B** tǎo jià huán jià
4. **A** yòu suān yòu tiān   **B** yòu suān yòu tián
5. **A** dōng nuǎn xià liáng   **B** dòng nuǎn xiā liáng
6. **A** cǒng zǎo dào wǎi   **B** cóng zǎo dào wǎn

第二部分 녹음을 듣고 질문에 알맞은 답을 고르세요. 🎧78

1. **A** 六十五块钱   **B** 九十五块钱
2. **A** 苹果   **B** 香蕉
3. **A** 四块钱   **B** 六块钱
4. **A** 葡萄酒   **B** 蛋糕
5. **A** 七十五块钱   **B** 八十块钱
6. **A** 七元   **B** 九元
7. **A** 汉语书   **B** 英语词典
8. **A** 五块钱   **B** 六块钱
9. **A** 买书   **B** 买水果
10. **A** 十三块钱   **B** 二十六块钱

练习 연습문제

1 다음 단어의 성조를 표기하세요.

① 香蕉 xiangjiao ② 几斤 ji jin ③ 草莓 caomei

④ 苹果 pingguo ⑤ 多少 duoshao ⑥ 一共 yigong

⑦ 西瓜 xigua ⑧ 梨 li ⑨ 西红柿 xihongshi

2 다음 중 알맞은 것을 고르세요.

① 305元
   A. 三百五块   B. 三百五十块   C. 三百零五块

② 47.5元
   A. 四十七五块   B. 四十七块五   C. 四百七十五块

③ 2020元
   A. 两千零二十块   B. 两千二零块   C. 两千二十块

3 다음을 읽고 질문에 답하세요.

| 可乐 5元 | 蛋糕 30元 | 西红柿 3元 | 西瓜 7元 |

① 买六斤西瓜多少钱？ → _____

② 买三斤西红柿多少钱？ → _____

③ 买两听可乐和三个蛋糕，一共多少钱？ → _____

④ 买五听可乐和六斤西瓜，一共多少钱？ → _____

⑤ 买四斤西红柿和一斤西瓜，一共多少钱？ → _____

15

怎么去?
Zěnme qù?

어떻게 갑니까?

你去哪儿?
Nǐ qù nǎr?

我去学校。
Wǒ qù xuéxiào.

你怎么去?
Nǐ zěnme qù?

我坐地铁去。
Wǒ zuò dìtiě qù.

生词 새로운 단어

□ 去	qù	가다
□ 怎么	zěnme	어떻게
□ 学校	xuéxiào	학교
□ 坐	zuò	앉다, 타다
□ 地铁	dìtiě	지하철
□ 开车	kāi chē	운전하다
□ 公共汽车	gōnggòng qìchē	버스
□ 医院	yīyuàn	병원
□ 出租车	chūzūchē	택시
□ 机场	jīchǎng	공항
□ 骑	qí	올라타다

 15

얼화운(儿化韵)에 유의하여 발음해 보세요.
① huàr ② zhèr ③ yìdiǎnr ④ guǒzhīr

语法 어법 포인트

1 坐와 骑의 차이

'坐 zuò'와 '骑 qí'는 모두 '타다'라는 의미지만, '坐'는 버스나 자동차, 지하철 등 일반적인 교통수단과 함께 사용되고, '骑'는 자전거, 오토바이 등 다리를 벌리고 타는 교통수단과 함께 사용된다. 또한, 자동차를 직접 운전할 때는 '开 kāi'를 쓴다.

| 坐车
zuò chē
차를 타다 | 骑车
qí chē
자전거를 타다 | 开车
kāi chē
차를 운전하다 |

2 의문사 怎么

수단이나 방법을 묻는 의문사 '怎么 zěnme'를 써서 '어떤' 교통수단을 이용하는지 물을 수 있다. "怎么去? Zěnme qù?"는 "坐什么去? Zuò shénme qù?"의 의미로 사용된다.

A : 你怎么去? Nǐ zěnme qù? 어떻게 갑니까?

B : 我坐地铁去。 Wǒ zuò dìtiě qù. 나는 지하철을 타고 갑니다.

A : 你呢? Nǐ ne? 당신은요?

C : 我开车去。 Wǒ kāi chē qù. 나는 운전해서 갑니다.

3 연동문 (1)

두 개의 동사를 연이어 사용하는 문장을 '연동문'이라 하며, 두 동사의 위치는 동작의 순서에 따른다. 앞의 동사는 '행위의 방식', 뒤의 동사는 '행위의 목적이나 결과'를 나타낸다.

- 他坐飞机来中国。 Tā zuò fēijī lái Zhōngguó.   그는 비행기를 타고 중국에 옵니다.
- 我穿运动鞋去学校。 Wǒ chuān yùndòngxié qù xuéxiào.   저는 운동화를 신고 학교에 갑니다.

Plus ++

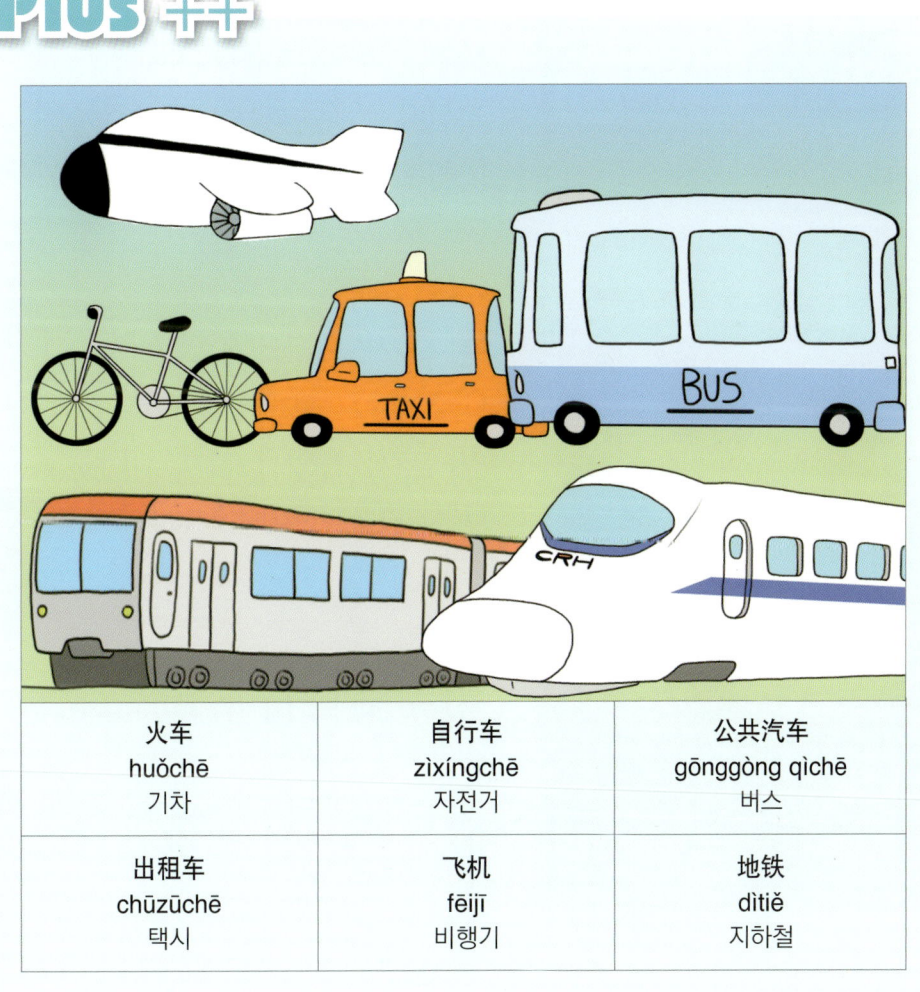

火车	自行车	公共汽车
huǒchē	zìxíngchē	gōnggòng qìchē
기차	자전거	버스
出租车	飞机	地铁
chūzūchē	fēijī	dìtiě
택시	비행기	지하철

▶ 그림을 보며 큰소리로 따라 하세요.

爸爸开车。
Bàba kāi chē.

爸爸开车去公司。
Bàba kāi chē qù gōngsī.

妈妈坐公共汽车。
Māma zuò gōnggòng qìchē.

妈妈坐公共汽车去医院。
Māma zuò gōnggòng qìchē qù yīyuàn.

哥哥坐出租车。
Gēge zuò chūzūchē.

哥哥坐出租车去机场。
Gēge zuò chūzūchē qù jīchǎng.

弟弟骑自行车。
Dìdi qí zìxíngchē.

弟弟骑自行车去学校。
Dìdi qí zìxíngchē qù xuéxiào.

▶ 해석을 보며 중국어로 말해보세요.

아버지는 운전을 합니다.
아버지는 운전해서 회사에 갑니다.

어머니는 버스를 탑니다.
어머니는 버스를 타고 병원에 갑니다.

형(오빠)은 택시를 탑니다.
형(오빠)은 택시를 타고 공항에 갑니다.

남동생은 자전거를 탑니다.
남동생은 자전거를 타고 학교에 갑니다.

▶ 그림을 보고 질문에 답하세요.

1. 谁开车去公司?
2. 妈妈怎么去医院?
3. 哥哥坐出租车去哪儿?
4. 弟弟去哪儿? 怎么去?
5. 爸爸坐地铁去公司吗?

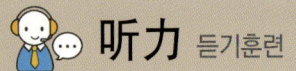 听力 듣기훈련

第一部分 녹음을 듣고 알맞은 것을 고르세요.

1. A xióngdì jiěmèi   B xiōngdì jiěmèi
2. A chūn xià qiū dōng   B chūn xià qiǔ dōng
3. A shēnglè kuǎirè   B shēngrì kuàilè
4. A xuéxí jìnbù   B xuéxì jǐnbù
5. A gōngxì fāchái   B gōngxǐ fācái
6. A Kǒng Mèng hàoxué   B Kǒng Mèng hǎoxué

第二部分 녹음을 듣고 질문에 알맞은 답을 고르세요.

1. A 妹妹   B 弟弟
2. A 地铁   B 公共汽车
3. A 飞机   B 出租车
4. A 开车去   B 坐火车去
5. A 火车   B 出租车
6. A 去机场   B 去医院
7. A 地铁   B 公共汽车
8. A 早上八点   B 晚上七点
9. A 医院   B 朋友家
10. A 坐地铁回家   B 坐公共汽车回家

练习 연습문제

1 다음 단어의 성조를 표기하세요.

① 学校 xuexiao   ② 公司 gongsi   ③ 机场 jichang

④ 医院 yiyuan   ⑤ 地铁 ditie   ⑥ 自行车 zixingche

⑦ 火车 huoche   ⑧ 飞机 feiji   ⑨ 出租车 chuzuche

2 동사 '坐, 骑, 开'를 사용하여 문장을 완성하세요.

① 我 _____ 去学校。 저는 자전거를 타고 학교에 갑니다.

② 爸爸 _____ 上班。 아버지는 택시를 타고 출근합니다.

③ 妈妈 _____ 去北京。 어머니는 기차를 타고 베이징에 갑니다.

④ 姐姐 _____ 去美国。 언니(누나)는 비행기를 타고 미국에 갑니다.

⑤ 哥哥 _____ 回家。 형(오빠)은 운전해서 귀가합니다.

⑥ 弟弟 _____ 去医院。 남동생은 지하철을 타고 병원에 갑니다.

3 알맞은 어순으로 배열하여 문장을 완성하세요.

① 우리 아버지는 운전해서 회사에 갑니다.

| 开车 | 公司 | 去 | 爸爸 | 我 |

_____

② 우리 언니(누나)는 지하철을 타고 공항에 갑니다.

| 姐姐 | 机场 | 地铁 | 我 | 坐 | 去 |

_____

16

什么时候回来?
Shénme shíhou huílai?

언제 돌아옵니까?

你什么时候回来?
Nǐ shénme shíhou huílai?

我后天回去。
Wǒ hòutiān huíqu.

早点儿回来吧。
Zǎo diǎnr huílai ba.

好的。
Hǎo de.

生词  새로운 단어

什么时候	shénme shíhou	언제
回来	huílai	돌아오다
后天	hòutiān	모레
回去	huíqu	돌아가다
早	zǎo	일찍
(一)点儿	(yì)diǎnr	조금
吧	ba	청유 어기조사
白天	báitiān	낮, 대낮
出去	chūqu	나가다
走路	zǒu lù	걷다, 길을 걷다
上去	shàngqu	올라가다
下来	xiàlai	내려오다
进去	jìnqu	들어가다
出来	chūlai	나오다
飞机	fēijī	비행기
过来	guòlai	건너오다
船	chuán	배

发音练习 16

한어병음 표기의 주요 규칙에 유의하여 발음해 보세요.

① diànhuà　　② shǒubiǎo　　③ Wǒ qù xuéxiào
④ Shànghǎi　　⑤ Lǐ Xiǎolóng　　⑥ Běijīng Fàndiàn
⑦ nǚ'ér　　⑧ Xī'ān　　⑨ Shǒu'ěr

语法 어법 포인트

1 什么时候

'什么时候 shénme shíhou'는 '언제'라는 의미로 다양한 시점을 물어보는 의문대명사이다.

A: 你们什么时候回去？ Nǐmen shénme shíhou huíqu? 당신들은 언제 돌아갑니까?
B: 我明天回去。 Wǒ míngtiān huíqu. 저는 내일 돌아갑니다.
C: 我星期一回去。 Wǒ xīngqīyī huíqu. 저는 월요일에 돌아갑니다.
D: 我今天晚上九点回去。 Wǒ jīntiān wǎnshang jiǔ diǎn huíqu. 저는 오늘 저녁 9시에 돌아갑니다.

2 방향보어

'来 lái', '去 qù'와 같이 동사 뒤에 붙어 행동의 방향을 제시해 주는 성분을 방향보어라고 한다. '来'는 화자쪽 방향으로 동작이 진행되는 경우에 쓰이며, '去'는 그 반대 방향으로 동작이 진행되는 경우에 쓰인다.

- 他们都回去。 Tāmen dōu huíqu. 그들은 모두 돌아갑니다.
- 你什么时候过来？ Nǐ shénme shíhou guòlai? 당신은 언제 건너옵니까?

	回 huí 돌리다	上 shàng 오르다	下 xià 내려가다	进 jìn 들다	出 chū 나다	过 guò 건너다
来 lái 오다	回来 huílai 돌아오다	上来 shànglai 올라오다	下来 xiàlai 내려오다	进来 jìnlai 들어오다	出来 chūlai 나오다	过来 guòlai 건너오다
去 qù 가다	回去 huíqu 돌아가다	上去 shàngqu 올라가다	下去 xiàqu 내려가다	进去 jìnqu 들어가다	出去 chūqu 나가다	过去 guòqu 건너가다

3 권유의 어기조사 吧

문장 끝에 붙어 명령이나 단정적인 어감이 아닌 부드러운 권유의 어감을 나타낸다.

- 快吃吧。
  Kuài chī ba. 얼른 드세요.

- 我们现在去学校吧。
  Wǒmen xiànzài qù xuéxiào ba. 우리 지금 학교 갑시다.

"好。Hǎo."가 '응, 좋아, OK'의 의미라면, "好的。Hǎo de."는 '알겠습니다, 그렇게 하겠습니다'의 의미로 순종 또는 복종의 어감을 갖습니다.

A: 明天我们开车去机场。
　　Míngtiān wǒmen kāi chē qù jīchǎng. 내일 우리는 운전해서 공항에 갈 거에요.

B: 好的。
　　Hǎo de. 알겠습니다.

看图学习 그림학습

▶ 그림을 보며 큰소리로 따라 하세요.

妈妈白天出去，
Māma báitiān chūqu,

晚上回来。
wǎnshang huílai.

爸爸走路上去，
Bàba zǒu lù shàngqu,

坐车下来。
zuò chē xiàlai.

姐姐两点进去，
Jiějie liǎng diǎn jìnqu,

六点出来。
liù diǎn chūlai.

哥哥坐飞机过来，
Gēge zuò fēijī guòlai,

坐船回去。
zuò chuán huíqu.

▶ 해석을 보며 중국어로 말해보세요.

> 어머니는 낮에 나가서,
> 저녁에 돌아옵니다.

> 아버지는 걸어 올라가서,
> 차를 타고 내려옵니다.

> 언니(누나)는 2시에 들어가서,
> 6시에 나옵니다.

> 형(오빠)은 비행기를 타고 건너와서,
> 배를 타고 돌아갑니다.

▶ 그림을 보고 다음 질문에 답하세요.

1. 妈妈什么时候出去?
2. 爸爸怎么下来?
3. 姐姐几点出来?
4. 谁坐飞机过来?
5. 哥哥坐什么回去?

听力 듣기훈련

第一部分 녹음을 듣고 알맞은 것을 고르세요. 🎧87

1. **A** Shénme yìsì **B** Shénme yìsi
2. **A** Qǐng dǎkāi shū **B** Qǐng dǎkài shū
3. **A** Wǒmen xià kē ba **B** Wǒmen xià kè ba
4. **A** Dàjiā gèn wǒ dú **B** Dàjiā gēn wǒ dú
5. **A** Yǒu méiyǒu wèntí **B** Yóu méiyǒu wèntì
6. **A** Qǐng shōu mān diǎnr **B** Qǐng shuō màn diǎnr

第二部分 녹음을 듣고 질문에 알맞은 답을 고르세요. 🎧88

1. **A** 下午五点 **B** 下午八点
2. **A** 明天 **B** 下个星期三
3. **A** 上午 **B** 晚上
4. **A** 早上八点 **B** 晚上六点
5. **A** 坐船回来 **B** 坐火车回来
6. **A** 六点的飞机 **B** 六点一刻的飞机
7. **A** 弟弟 **B** 哥哥
8. **A** 在 **B** 不在
9. **A** 跑步下来 **B** 走路下来
10. **A** 回来 **B** 不回来

练习 연습문제

1 다음 단어의 성조를 표기하세요.

① 白天 baitian　　　② 早上 zaoshang　　　③ 中午 zhongwu

④ 上午 shangwu　　　⑤ 下午 xiawu　　　⑥ 回来 huilai

⑦ 上去 shangqu　　　⑧ 回去 huiqu　　　⑨ 晚上 wanshang

⑩ 走路 zou lu　　　⑪ 坐车 zuo che　　　⑫ 下去 xiaqu

2 알맞은 것을 골라 문장을 완성하세요.

① 我今天早点儿 (A. 回去 , B. 回来)。　　　저는 오늘 일찍 돌아갑니다.

② 你爸爸什么时候 (A. 下去 , B. 下来)?　　　당신의 아버지는 언제 내려옵니까?

③ 大家都 (A. 进去 , B. 进来)。　　　여러분 모두 들어오세요.

④ 你今天不 (A. 出去 , B. 出来)吗?　　　당신은 오늘 나가지 않습니까?

3 알맞은 어순으로 배열하여 문장을 완성하세요.

① 그는 낮에 건너와서, 밤에 돌아갑니다.

白天　过来　晚上　他　回去

② 어머니는 언제 돌아옵니까?

妈妈　什么　回来　时候

③ 당신은 내일 아침 7시에 나갑니까?

明天　你　出去　早上　七点　吗

附录 부록

해석

第一课 你好！ 안녕하세요!
A : 안녕하세요!
B : 얘들아 안녕!
A : 또 뵈어요!
B : 잘 가렴!

第二课 他是谁？ 그는 누구입니까?
A : 그녀는 누구이니?
B : 그녀는 내 여동생이야.
A : 그녀는 대학생이니?
B : 그녀는 대학생이 아니라, 고등학생이야.

第三课 这是什么？ 이것은 무엇입니까?
A : 이것은 무엇인가요?
B : 이것은 사전이란다.
A : 저것도 사전인가요?
B : 응, 모두 사전이야.

第四课 你吃什么？ 당신은 무엇을 먹습니까?
A : 넌 무엇을 먹니?
B : 난 햄버거 먹어.
A : 너 콜라 마셔 안 마셔?
B : 난 콜라 안 마셔.

第五课 哪个大？ 어느 것이 큽니까?
A : 이것이 커요?
B : 이것이 크네요.
A : 저것은 커요 안 커요?
B : 저것은 크지 않아요.

第六课 这是谁的？ 이것은 누구의 것입니까?
A : 이거 네 모자니?
B : 이건 제 모자가 아니에요.
A : 이건 누구 거니?
B : 언니 거예요.

第七课 好不好喝？ 맛있습니까 맛없습니까?
A : 무슨 차를 마셔요?
B : 난 홍차를 마셔요.
A : 홍차는 맛있어요 맛없어요?
B : 홍차는 아주 맛있답니다.

第八课 哪国人？ 어느 나라 사람입니까?
A : 성함이 어떻게 되세요?
B : 저는 이씨이고, 이소영이라고 합니다.
A : 어느 나라 사람이세요?
B : 저는 한국인입니다.

第九课 有没有？ 있습니까 없습니까?
A : 카메라가 있니 없니?
B : 저는 카메라 있어요.
A : 쟤도 카메라가 있니?
B : 얘는 카메라가 없어요.

第十课 要几个？ 몇 개 원합니까?
A : 귤 원해 안 원해?
B : 나 귤 먹을래.
A : 몇 개 원해?
B : 두 개 줘.

第十一课 在哪儿？ 어디에 있습니까?
A : 책상은 어디에 있어요?
B : 책상은 여기에 있어요.
A : 의자는요?
B : 의자는 저기에 있어요.

第十二课 几月几号？ 몇 월 며칠입니까?
A : 오늘이 몇 월 며칠이지?
B : 오늘은 6월 10일이에요.
A : 내일은 무슨 요일이니?
B : 내일은 일요일이에요.

第十三课 现在几点？ 지금 몇 시입니까?
A : 지금 몇 시에요?
B : 2시 5분이네요.
A : 몇 시에 퇴근하세요?
B : 저는 6시 반에 퇴근합니다.

第十四课 多少钱？ 얼마입니까?
A : 사과는 얼마예요?
B : 한 근에 6위안이에요.
A : 3근 주세요.
B : 모두 18위안입니다.

第十五课 怎么去？ 어떻게 갑니까?
A : 너 어디 가니?
B : 저 학교에 가요.
A : 어떻게 가니?
B : 지하철 타고 가요.

第十六课 什么时候回来？ 언제 돌아옵니까?
A : 너 언제 돌아오니?
B : 저는 모레 돌아가요.
A : 좀 일찍 돌아오렴.
B : 그럴게요.

답안

第一课 你好! 안녕하세요!

看图学习 그림학습

1. A: 老师好!　　B: 大家好!
2. A: 谢谢!　　　B: 不客气。
3. A: 谢谢你们。　B: 不谢。
4. A: 对不起!　　B: 没关系。
5. A: 再见!　　　B: 再见!

听力 듣기훈련

第一部分

1. B. ō - ā
2. A. ì - ù
3. A. é - ó
4. A. ǔ - ǚ
5. B. ā - ū
6. A. ǒ - ǎ

第二部分

1. A: 爷爷好。　　B: A 你们好
2. A: 奶奶再见。　B: C 再见
3. A: 谢谢。　　　B: A 不谢
4. A: 您好!　　　B: A 大家好
5. A: 对不起。　　B: C 没关系
6. A: 老师再见!　B: B 再见

练习 연습문제

1.
① 你们 nǐmen　　② 大家 dàjiā
③ 老师 lǎoshī　　④ 谢谢 xièxie

2.

중국어	한어병음	뜻
你好。	Nǐ hǎo.	안녕하세요.
谢谢。	Xièxie.	고맙습니다.
对不起。	Duìbuqǐ.	미안합니다.
再见!	Zàijiàn!	안녕히 가세요.

3.
① 谢谢你们。— 不客气。
② 老师好! — 大家好!
③ 对不起。— 没关系。
④ 再见! — 再见!

第二课 他是谁? 그는 누구입니까?

看图学习 그림학습

1. 谁是老板?　爸爸是老板。
2. 妈妈是老师吗?　妈妈不是老师，她是医生。
3. 哥哥不是大学生吗?　哥哥不是大学生。
4. 哥哥是不是公司职员?　哥哥是公司职员。
5. 姐姐是不是空姐?　姐姐是空姐。

听力 듣기훈련

第一部分

1. B. ei - ai
2. A. ao - ou
3. B. en - an
4. A. ou - er
5. B. ang - an
6. B. eng - ong

第二部分

1. 妹妹是学生。
   问题: 谁是学生?
   B. 妹妹

2. 弟弟不是高中生。
   问题: 弟弟是高中生吗?
   B. 不是高中生

3. 爷爷是老师，爸爸是医生。
   问题: 爷爷是不是医生?
   B. 不是医生

4. 妹妹不是高中生，是大学生。
   问题: 妹妹是大学生吗?
   A. 是大学生

5. 爸爸是老板，哥哥是公司职员。
   问题: 谁是老板?
   B. 爸爸

6. 妈妈是公司职员，姐姐是老师。
   问题: 谁是公司职员?
   A. 妈妈

7. 他是我哥哥，哥哥是公司职员。
   问题: 哥哥是医生吗?
   B. 不是医生

8. 姐姐是空姐，妹妹是医生。
   问题: 妹妹是不是空姐?
   B. 不是空姐

부록 155

답안

9. 爸爸是老板，不是公司职员。
   问题：爸爸是老板吗？
   A. 是老板
10. 她是我姐姐，姐姐是空姐。
    问题：谁是空姐？
    B. 姐姐

练习 연습문제

1.
① 医生 yīshēng   ② 职员 zhíyuán
③ 妹妹 mèimei   ④ 高中生 gāozhōngshēng

2.

중국어	한어병음	뜻
谁	shéi	누구
不	bù	아니다
学生	xuésheng	학생
吗	ma	의문 어기조사

3.
① 형(오빠)은 사장님입니다.
   哥哥是 老板 。
② 언니(누나)는 스튜어디스입니까 아닙니까?
   姐姐是不是 空姐 ?
③ 할아버지는 의사가 아닙니다.
   爷爷不是 医生 。
④ 그녀는 회사원이 아닙니까?
   她不是 公司职员 吗?

第三课 这是什么? 이것은 무엇입니까?

看图学习 그림학습

1. 哪个是咖啡？ 这是咖啡。
2. 那是牛奶吗？ 是，那是牛奶。
3. 这是报纸，那也是报纸吗？ 不是，那是汉语书。
4. 这个那个都是词典吗？ 不是，那是词典。
5. 那是不是手表？ 那是手表。

听力 듣기훈련

第一部分
1. B. k - g
2. A. p - f
3. A. m - n
4. B. t - d
5. A. k - h
6. B. g - l

第二部分
1. 这是牛奶。那是咖啡。
   问题：这是什么？
   B. 牛奶
2. 这是手机，那是手表。
   问题：哪个是手表？
   B. 那个
3. 这是报纸，那也是报纸。
   问题：哪个是报纸？
   A. 都是报纸
4. 这不是书，是报纸。
   问题：这是什么？
   B. 报纸
5. 这是咖啡，那不是咖啡。
   问题：哪个是咖啡？
   A. 这个
6. 那不是手表，是手机。
   问题：那是手表吗？
   B. 不是
7. 那不是词典，是汉语书。
   问题：那是不是词典？
   B. 那不是词典
8. 这个那个都是汉语书。
   问题：那是汉语书吗？
   A. 那是汉语书
9. 这不是手机，那也不是手机。
   问题：哪个是手机？
   B. 都不是手机
10. 这是书，这是词典，这是报纸。
    问题：这些是什么？
    A. 书、词典、报纸

练习 연습문제

1.
① 报纸 bàozhǐ   ② 词典 cídiǎn
③ 手机 shǒujī   ④ 牛奶 niúnǎi
⑤ 什么 shénme ⑥ 哪个 nǎge

2.
① 这不是 咖啡 。이것은 커피가 아닙니다.
② 那也是 报纸 。저것도 신문입니다.
③ 那些都是 汉语书 吗? 그것들 모두 중국어 책입니까?
④ 哪个是 手表 ? 어느 것이 손목시계입니까?

3.
① 이것은 무엇입니까? 这是什么?
② 저것은 중국어 책입니까 아닙니까? 那是不是汉语书?
③ 이것 저것 모두 손목시계입니다. 这个那个都是手表。

第四课 你吃什么? 당신은 무엇을 먹습니까?

看图学习 그림학습

1. 爷爷吃什么? 爷爷吃米饭。
2. 奶奶也吃米饭吗?
   奶奶不吃米饭，奶奶吃面包。
3. 谁看报纸? 爸爸看报纸。
4. 姐姐买不买水果?
   姐姐不买水果，姐姐买衣服。
5. 弟弟妹妹都喝牛奶吗?
   弟弟不喝牛奶，妹妹喝牛奶。

听力 듣기훈련

第一部分
1. B. z - j
2. B. s - x
3. A. q - c
4. B. sh - zh
5. B. ch - q
6. A. l - r

第二部分
1. 姐姐买，妹妹不买。
   问题: 谁不买?
   A. 妹妹
2. 奶奶不吃汉堡，吃米饭。
   问题: 奶奶吃什么?
   A. 米饭
3. 哥哥不喝可乐，他喝咖啡。
   问题: 哥哥不喝什么?
   B. 可乐

4. 爷爷买报纸，奶奶买水果。
   问题: 爷爷买不买报纸?
   A. 买
5. 妈妈买衣服，也买书。
   问题: 妈妈买什么?
   A. 衣服、书
6. 哥哥看报纸，姐姐不看报纸。
   问题: 姐姐看不看报纸?
   B. 不看报纸
7. 弟弟喝可乐，妹妹喝牛奶。
   问题: 妹妹喝什么?
   B. 牛奶
8. 爷爷吃水果，奶奶吃面包。
   问题: 谁吃面包?
   A. 奶奶
9. 哥哥不买书，弟弟也不买书。
   问题: 哥哥弟弟都买书吗?
   B. 都不买书
10. 妹妹吃面包，喝牛奶。
    问题: 妹妹喝不喝可乐?
    B. 不喝可乐

练习 연습문제

1.
① 米饭 mǐfàn   ② 衣服 yīfu
③ 汉堡 hànbǎo   ④ 可乐 kělè
⑤ 水果 shuǐguǒ ⑥ 面包 miànbāo

2.
① 吃 米饭   ② 看 报纸   ③ 喝 咖啡
④ 喝 牛奶   ⑤ 吃 面包   ⑥ 看 词典
⑦ 吃 汉堡   ⑧ 喝 可乐   ⑨ 看 汉语书

3.
① 당신은 무엇을 마십니까? 你喝什么?
② 당신은 옷을 삽니까 안 삽니까? 你买不买衣服?
③ 여동생은 쌀밥을 안 먹습니다. 妹妹不吃米饭。
④ 할아버지는 신문을 봅니까? 爷爷看报纸吗?

第五课 哪个大? 어느 것이 큽니까?

看图学习 그림학습

1. 西瓜大不大? 西瓜很大。

답안

2. 苹果也大吗? 苹果不大。
3. 鸡蛋、面包哪个不多? 面包不多。
4. 电视、电话都很贵吗? 电视很贵，电话不贵。
5. 咖啡、果汁儿哪个不热? 果汁儿不热。

听力 듣기훈련
第一部分
1. A. bō - bō - pō
2. A. tē - tē - dē
3. B. kē - gē - kē
4. A. jī - qī - qī
5. B. chī - zhī - zhī
6. B. cī - zī - cī

第二部分
1. 这汉堡不大，那汉堡大。
 问题: 这汉堡大不大?
 B. 不大
2. 汉语书不贵，汉语词典很贵。
 问题: 汉语词典贵不贵?
 A. 很贵
3. 咖啡很热，牛奶不热。
 问题: 牛奶热吗?
 B. 不热
4. 手机很贵，电话不贵。
 问题: 哪个不贵?
 A. 电话
5. 哥哥买很多书，姐姐买很多水果。
 问题: 谁买很多水果?
 A. 姐姐
6. 姐姐不喝热咖啡，妹妹喝热咖啡。
 问题: 谁喝热咖啡?
 B. 妹妹
7. 手表很贵，电视也很贵。
 问题: 哪个贵?
 B. 都很贵
8. 西瓜不贵，苹果也不贵。
 问题: 西瓜、苹果都不贵吗?
 B. 都不贵
9. 这衣服很大，妹妹不买。
 问题: 妹妹不买什么?
 A. 衣服

10. 电视很大也很贵，电话不大也不贵。
 问题: 哪个很大也很贵?
 B. 电视

练习 연습문제
1.
① 苹果 píngguǒ ② 电话 diànhuà
③ 电视 diànshì ④ 果汁儿 guǒzhīr
⑤ 鸡蛋 jīdàn ⑥ 西瓜 xīguā

2.
① 咖啡很热。→ 咖啡热不热? / 咖啡不热。
② 西瓜很大。→ 西瓜大不大? / 西瓜不大。

3.
鸡蛋多，苹果也多，面包不多。
① 哪个不多? B. 面包
② 鸡蛋、苹果都很多吗? A. 都很多
③ 面包多不多? B. 不多

第六课 这是谁的? 이것은 누구의 것입니까?

看图学习 그림학습
1. 这是谁的口红? 这是妈妈的口红。
2. 袜子是谁的? 袜子是弟弟的。
3. 哪个是哥哥的皮鞋? 这是哥哥的皮鞋。
4. 这是妹妹的书包吗? 这是妹妹的书包。
5. 那是谁的电脑? 那是老师的电脑。

听力 듣기훈련
第一部分
1. A. pō - fū
2. B. dù - bǐ
3. A. lǔ - nǔ
4. B. měi - mài
5. A. dòu - dàn
6. A. gǎo - kě

第二部分
1. 这不是妈妈的帽子，是姐姐的。
 问题: 这是谁的帽子?
 B. 姐姐的

2. 哥哥的皮鞋大，妹妹的皮鞋不大。
   问题：谁的皮鞋大？
   A. 哥哥的皮鞋

3. 这是姐姐的口红，那是姐姐的衣服。
   问题：哪个是姐姐的口红？
   A. 这个

4. 老师的手表好，我的手表不好。
   问题：谁的手表好？
   B. 老师的手表

5. 我的苹果多，他的苹果不多。
   问题：他的苹果多不多？
   B. 不多

6. 这是弟弟的书包，弟弟的书包很大。
   问题：这是什么？
   B. 书包

7. 姐姐的面包很多，妹妹的面包不多。
   问题：谁的面包多？
   A. 姐姐的多

8. 这袜子不是我的，是哥哥的。
   问题：这袜子是不是哥哥的？
   A. 是哥哥的

9. 哥哥的电脑贵，妹妹的电脑不贵。
   问题：谁的电脑贵？
   A. 哥哥的电脑

10. 这是奶奶的牛奶，那是妈妈的果汁儿。
    问题：哪个是妈妈的果汁儿？
    B. 那是妈妈的果汁儿

练习 연습문제

1.
① 帽子 — màozi
② 袜子 — wàzi
③ 皮鞋 — píxié
④ 电脑 — diànnǎo
⑤ 书包 — shūbāo

2.
① 姐姐 / 口红 → 哪个是姐姐的口红？
② 哥哥 / 袜子 → 哪个是哥哥的袜子？
③ 妈妈 / 帽子 → 哪个是妈妈的帽子？
④ 老师 / 电脑 → 哪个是老师的电脑？

3.
那不是他们的电视，是我们的。我们的电视很大，也很贵。

① 那是谁的电视？   B. 我们的
② 什么很大也很贵？   A. 我们的电视

第七课 好不好喝？ 맛있습니까 맛없습니까？

看图学习 그림학습

1. 谁吃中国菜？ 哥哥吃中国菜。
2. 中国菜好不好吃？ 中国菜很好吃。
3. 姐姐喝什么酒？ 姐姐喝葡萄酒。
4. 弟弟听什么歌儿？ 弟弟听韩国歌儿。
5. 妹妹穿不穿皮鞋？
   妹妹不穿皮鞋，妹妹穿运动鞋。

听力 듣기훈련

第一部分

1. A. héng - hóng
2. A. zú - qǔ
3. B. lōng - róng
4. A. zhěn - chèn
5. B. chàng - shéng
6. A. cōng - zǒng

第二部分

1. 我吃中国菜，中国菜很好吃。
   问题：中国菜好不好吃？
   A. 很好吃

2. 韩国歌儿很好听，中国歌儿也很好听。
   问题：哪个好听？
   B. 都好听

3. 果汁儿好喝，葡萄酒不好喝。
   问题：什么不好喝？
   A. 葡萄酒

4. 蛋糕、面包都很好吃，米饭不好吃。
   问题：哪个不好吃？
   A. 米饭

5. 爷爷穿运动鞋，不穿皮鞋。
   问题：爷爷不穿什么鞋？
   B. 皮鞋

답안

6. 妹妹的衣服好看，我的衣服不好看。
   问题：妹妹的衣服好不好看？
   A. 好看

7. 爸爸喝红茶，哥哥喝咖啡。
   问题：爸爸喝不喝咖啡？
   B. 不喝

8. 妈妈穿皮鞋，不穿运动鞋。运动鞋不好看。
   问题：妈妈穿什么鞋？
   B. 皮鞋

9. 妹妹的袜子很多，都很好看。
   问题：什么很好看？
   B. 袜子

10. 这西瓜很大，很好吃。那苹果不大，不好吃。
    问题：什么很好吃？
    A. 西瓜

练习 연습문제

1.
① 红茶 hóngchá   ② 喝酒 hē jiǔ
③ 穿鞋 chuān xié   ④ 听歌儿 tīng gēr
⑤ 蛋糕 dàngāo   ⑥ 运动鞋 yùndòngxié

2.
① 你吃什么水果？（苹果） → 我吃苹果。
② 你穿什么鞋？（皮鞋） → 我穿皮鞋。
③ 你喝什么酒？（葡萄酒） → 我喝葡萄酒。
④ 你听什么歌儿？（韩国歌儿） → 我听韩国歌儿。

3.
① 衣服 — 好看
② 汉语 — 好学
③ 果汁儿 — 好喝
④ 中国菜 — 好吃
⑤ 韩国歌儿 — 好听

第八课 哪国人？ 어느 나라 사람입니까?

看图学习 그림학습

1. 大卫是哪国人？ 大卫是美国人。
2. 大卫是谁？ 他是妹妹的英语老师。
3. 李素英是中国人吗？
   不是，她是韩国人。

4. 姐姐的朋友叫什么名字？
   她叫王虹。
5. 春美是谁？她是哪国人？
   春美是弟弟的大学同学，她是日本人。

听力 듣기훈련

第一部分

1. A. yǐng - yé
2. A. yú - yuè
3. B. wài - ái
4. A. yǎo - áo
5. B. yóu - ǒu
6. A. wén - wēng

第二部分

1. 我是中国人，我妈妈是韩国人。
   问题：我是哪国人？
   A. 中国人

2. 她是妹妹的同学，叫李素英。
   问题：妹妹的同学姓什么？
   A. 姓李

3. 哥哥的老板不是韩国人，是日本人。
   问题：哥哥的老板是哪国人？
   B. 日本人

4. 他是公司职员，我们是同事。
   问题：他是谁？
   A. 我同事

5. 妹妹的英语老师是中国人，不是美国人。
   问题：妹妹的英语老师是美国人吗？
   B. 不是美国人

6. 哥哥是中国人，哥哥的同事是美国人。
   问题：谁是美国人？
   B. 哥哥的同事

7. 美国人看英语书，中国人看汉语书。
   问题：哪国人看汉语书？
   A. 中国人

8. 美国人喝咖啡，韩国人喝红茶。
   问题：美国人喝什么？
   B. 咖啡

9. 日本朋友买西瓜，韩国朋友买苹果。
   问题：谁买西瓜？
   A. 日本朋友

10. 手机是我老板的，电脑是我同学的。
    问题：手机是谁的？
    A. 老板的

练习 연습문제

1.
① 名字　míngzi　　② 英语　Yīngyǔ
③ 同事　tóngshì　　④ 大学　dàxué
⑤ 美国　Měiguó　　⑥ 韩国　Hánguó

2.
① 她的同学是哪国人？（韩国）
  → 她的同学是韩国人。
② 他的妈妈是哪国人？（日本）
  → 他的妈妈是日本人。
③ 爸爸的同事是哪国人？（英国）
  → 爸爸的同事是英国人。
④ 哥哥的老板是哪国人？（美国）
  → 哥哥的老板是美国人。

3.
> 妹妹的大学同学叫李光。他是韩国人。他的汉语很好，英语也很好。

① 妹妹的同学姓什么？　　A. 李
② 妹妹的同学是哪国人？　B. 韩国人
③ 李光的汉语好不好？　　A. 很好

第九课 有没有？있습니까 없습니까?

看图学习 그림학습

1. 谁有镜子？　妈妈有镜子。
2. 爸爸有什么？　爸爸有眼镜。
3. MP3是谁的？　MP3是姐姐的。
4. 弟弟妹妹都有自行车吗？
   弟弟妹妹都有自行车。
5. 她家有没有小猫？
   她家没有小猫，她家有小狗。

听力 듣기훈련

第一部分
1. A. yǎn - yuǎn
2. A. wēn - wēng
3. B. yīn - yīng
4. A. wán - wáng
5. A. yuè - yùn
6. A. yǒu - yǒng

第二部分
1. 爸爸有皮鞋，妈妈有运动鞋。
   问题：谁有运动鞋？
   B. 妈妈
2. 我家有小猫，没有小狗。
   问题：我家有没有小狗？
   B. 没有
3. 我们公司有职员的衣服，职员的衣服很好看。
   问题：我们公司有什么？
   A. 职员的衣服
4. 哥哥有手机，姐姐也有手机，弟弟没有。
   问题：谁没有手机？
   B. 弟弟
5. 老师的帽子很好看，手表也很好看。
   问题：老师的手表好不好看？
   A. 好看
6. 哥哥有相机，弟弟也有相机。
   问题：他们都有什么？
   A. 相机
7. 哥哥没有自行车，姐姐也没有自行车。
   问题：姐姐有没有自行车？
   B. 没有
8. 他家有小狗，我家有小猫。
   问题：他家有什么？
   B. 小狗
9. 妹妹没有蛋糕，也没有面包，妹妹有很多水果。
   问题：妹妹有什么？
   B. 水果
10. 他们有中国茶，我们没有，我们有韩国茶。
    问题：我们有没有中国茶？
    B. 没有中国茶

练习 연습문제

1.
① 相机　xiàngjī　　② 眼镜　yǎnjìng
③ 镜子　jìngzi　　　④ 小猫　xiǎo māo
⑤ 小狗　xiǎo gǒu　　⑥ 自行车　zìxíngchē

답안

2.
① 爷爷有手机吗？（电话）
  → 爷爷没有手机，他有电话。
② 他家有小狗吗？（小猫）
  → 他家没有小狗，他家有小猫。
③ 奶奶有镜子吗？（眼镜）
  → 奶奶没有镜子，她有眼镜。
④ 弟弟有电视吗？（自行车）
  → 弟弟没有电视，他有自行车。

3.
① 선생님은 무슨 책을 가지고 있습니까?
  老师有什么书？
② 형(오빠)의 동료는 자전거가 있습니까 없습니까?
  哥哥的同事有没有自行车？
③ 우리 집에는 전화기가 없습니다.
  我家没有电话。

第十课 要几个? 몇 개 원합니까?

看图学习 그림학습

1. 奶奶要什么？ 奶奶要草莓。
2. 爸爸要不要果汁儿？
   爸爸不要果汁儿，他要咖啡。
3. 哥哥要啤酒吗？ 哥哥不要啤酒，他要可乐。
4. 哥哥要几听可乐？ 哥哥要一听可乐。
5. 妹妹不要报纸吗？
   妹妹不要报纸，她要一本书。

听力 듣기훈련
第一部分
1. B. qiā - jià
2. A. yǎng - jiáng
3. B. wěng - zhōng
4. A. yuē - xuě
5. B. wó - duó
6. B. huàn - shǎng

第二部分
1. 奶奶买一斤葡萄，爷爷买三斤草莓。
   问题：奶奶买什么？
   A. 葡萄
2. 姐姐要西红柿，妹妹要香蕉，哥哥要梨。
   问题：妹妹要什么？
   B. 香蕉
3. 哥哥吃橘子，他要橘子，弟弟不吃橘子，他不要。
   问题：谁不要橘子？
   A. 弟弟
4. 爸爸要一瓶啤酒，哥哥要一听可乐，姐姐要一杯红茶。
   问题：爸爸要红茶吗？
   B. 不要红茶
5. 老板要一个汉堡，职员要三个面包。
   问题：老板要几个汉堡？
   A. 一个
6. 奶奶要鸡蛋，不要水果。
   问题：奶奶不要什么？
   A. 水果
7. 哥哥和他的同事不喝果汁儿，他们要两杯咖啡。
   问题：他们喝什么？
   A. 咖啡
8. 弟弟不要电脑，他要手机。
   问题：弟弟要不要电脑？
   A. 不要电脑
9. 奶奶买一斤苹果，妈妈买一斤草莓。
   问题：谁买苹果？
   B. 奶奶
10. 爷爷不要果汁儿，要牛奶。爸爸不要牛奶，要果汁儿。
    问题：爷爷要什么？
    A. 牛奶

练习 연습문제

1.
① 橘子 júzi   ② 葡萄 pútao
③ 果汁儿 guǒzhīr   ④ 草莓 cǎoméi
⑤ 啤酒 píjiǔ   ⑥ 可乐 kělè
⑦ 十四 shísì   ⑧ 二十 èrshí
⑨ 两个 liǎng ge

2.
① 一 本 书   ② 两 个 汉堡
③ 三 斤 水果   ④ 四 杯 啤酒
⑤ 五 杯 咖啡   ⑥ 六 斤 葡萄
⑦ 七 件 衣服   ⑧ 八 本 词典
⑨ 九 个 人   ⑩ 十 个 口红

3.
① 姐姐 / 牛奶 / 咖啡
→ 姐姐不要牛奶，她要咖啡。
② 哥哥 / 可乐 / 果汁儿
→ 哥哥不要可乐，他要果汁儿。
③ 爸爸 / 汉语书 / 报纸
→ 爸爸不要汉语书，他要报纸。
④ 奶奶 / 面包 / 蛋糕
→ 奶奶不要面包，她要蛋糕。
⑤ 弟弟 / 米饭 / 汉堡
→ 弟弟不要米饭，他要汉堡。

第十一课 在哪儿？ 어디에 있습니까?

看图学习 그림학습

1. 眼镜在哪儿？ 眼镜在电视前边儿。
2. 床在这儿吗？ 床不在这儿，床在那儿。
3. 电视在不在那儿？
   电视不在那儿，电视在这儿。
4. 冰箱上边儿有什么？ 冰箱上边儿有空调。
5. 这儿有没有袜子？
   这儿没有袜子，袜子在那儿。

听力 듣기훈련

第一部分
1. A. yuán - xuàn
2. B. jùn - yūn
3. A. xióng - yǒng
4. A. wéi - guì
5. A. niú - yòu
6. B. wén - rěn

第二部分
1. 书桌在这儿，椅子在那儿。
   问题：椅子在哪儿？
   B. 在那儿
2. 椅子在桌子前边儿，电脑在桌子上边儿。
   问题：电脑在哪儿？
   A. 在桌子上边儿
3. 冰箱里边儿有面包，也有牛奶。
   问题：牛奶在哪儿？
   B. 在冰箱里边儿
4. 沙发在床右边儿，桌子在床左边儿。
   问题：沙发在哪儿？
   A. 在床右边儿
5. 椅子上边儿有书包，椅子下边儿有运动鞋。
   问题：椅子下边儿有没有书包？
   B. 没有书包
6. 电话在电视左边儿，眼镜在电视前边儿。
   问题：电视前边儿有什么？
   B. 眼镜
7. 沙发、空调都在这儿。袜子、衣服都在那儿。
   问题：那儿都有什么？
   B. 袜子、衣服
8. 王老师在我前边儿，李同学在我后边儿。
   问题：王老师在哪儿？
   A. 在我前边儿
9. 词典不在书包外边儿，在书包里边儿。
   问题：词典在哪儿？
   A. 在书包里边儿
10. 我的左边儿是爷爷，右边儿是奶奶。
    问题：谁在我的左边儿？
    B. 爷爷

练习 연습문제

1.
① 桌子 zhuōzi   ② 手机 shǒujī
③ 电视 diànshì   ④ 空调 kōngtiáo
⑤ 冰箱 bīngxiāng ⑥ 椅子 yǐzi
⑦ 沙发 shāfā   ⑧ 床 chuáng

2.
① 爷爷 __在__ 哪儿？
② 空调 __在__ 冰箱上边儿。
③ 桌子上边儿 __有__ 一本书。
④ 沙发下边儿 __有__ 运动鞋。
⑤ 面包旁边儿 __有__ 牛奶。
⑥ 眼镜 __在__ 电视前边儿。

3.
手机在桌子上边儿，桌子上边儿也有眼镜。
① 手机在哪儿？   A. 桌子上边儿
② 桌子上边儿都有什么？ B. 手机、眼镜

답안

第十二课 几月几号？몇 월 며칠입니까？

看图学习 그림학습

1. 今天是星期天吗？
   今天不是星期天，是星期六。
2. 明天是不是星期一？
   明天不是星期一，是星期天。
3. 二月十六号是星期几？
   二月十六号是星期天。
4. 上个月是几月？下个月呢？
   上个月是二月，下个月是四月。
5. 四月二十三号是不是星期四？
   四月二十三号是星期四。

听力 듣기훈련

第一部分

1. A. jué - jiě
2. B. jiā - zhuà
3. B. xuàn - xián
4. A. chùn - qún
5. B. jiǔ - xiáo
6. A. zuì - cuò

第二部分

1. 昨天是我的生日，后天是奶奶的生日。
   问题：奶奶的生日是不是明天？
   B. 不是明天
2. 今天是三月八号，妈妈明天不上班。
   问题：妈妈三月几号不上班？
   B. 三月九号
3. 去年哥哥是高中生，今年哥哥是大学生。
   问题：今年哥哥是高中生吗？
   B. 不是高中生
4. 今天是五月一号，爸爸下个月一号去日本。
   问题：爸爸几月去日本？
   B. 六月
5. 今天七月六号，星期一。
   问题：明天几月几号？
   B. 七月七号
6. 前天是星期四，明天是星期天。
   问题：今天星期几？
   B. 星期六
7. 下星期二是姐姐的生日，我们吃蛋糕。
   问题：姐姐的生日是平日吗？
   A. 是平日
8. 今年是2026年，明年是2027年。
   问题：去年是几年？
   A. 2025年
9. 这个月妈妈买电视，下个月妈妈买冰箱。
   问题：妈妈下个月买什么？
   A. 冰箱
10. 我们的英语老师这星期在美国，下星期在韩国。
    问题：英语老师这星期在不在韩国？
    B. 不在韩国

练习 연습문제

1.
① 周末 zhōumò
② 生日 shēngrì
③ 星期天 xīngqītiān
④ 后天 hòutiān
⑤ 明年 míngnián
⑥ 前天 qiántiān
⑦ 去年 qùnián
⑧ 昨天 zuótiān
⑨ 星期六 xīngqīliù

2.
① 我这个（A. 星期六）去中国。
   저는 이번 주 토요일에 중국에 갑니다.
② 我哥哥（B. 下个月）来韩国。
   우리 오빠는 다음 달에 한국에 옵니다.
③ （A. 上个星期二）是我的生日。
   지난주 화요일은 제 생일이었습니다.
④ （B. 明天）你去学校吗？
   당신은 내일 학교에 갑니까？
⑤ （B. 后天）你去哪儿？
   당신은 모레 어디에 갑니까？

3.

그저께	어제	오늘	내일	모레
前天	昨天	今天	明天	后天

재작년	작년	올해	내년	내후년
前年	去年	今年	明年	后年

월요일	화요일	수요일	목요일	금요일	토요일	일요일
星期一	星期二	星期三	星期四	星期五	星期六	星期天

第十三课 现在几点？지금 몇 시입니까?

看图学习 그림학습

1. 哥哥几点睡觉？ 差五分十二点睡觉。
2. 他早上几点起床？ 他早上六点半起床。
3. 他早上吃不吃早饭？ 他早上吃早饭。
4. 他上午八点上班吗？ 不是，他上午九点上班。
5. 他下午四点做什么？ 他下午四点开会。

听力 듣기훈련

第一部分

1. B. bù cháng bù duǎn
2. A. bú dà bù xiǎo
3. A. bú kuài bú màn
4. A. yī yuè yī hào
5. A. yī nián sìjì
6. A. yíqiè shùnlì

第二部分

1. 她早上七点起床，八点吃饭，九点去公司。
   问题：她早上九点做什么？
   B. 去公司
2. 奶奶早上喝牛奶，中午吃面包，晚上吃米饭。
   问题：奶奶中午吃什么？
   B. 面包
3. 现在两点一刻，我们三点开会。
   问题：现在几点？
   A. 两点十五分
4. 弟弟今天八点半看电视，十一点睡觉。
   问题：弟弟几点看电视？
   A. 八点半
5. 姐姐早上七点跑步，我晚上七点跑步。
   问题：我几点跑步？
   B. 晚上七点
6. 你看手表，现在差五分八点。
   问题：现在几点几分？
   B. 七点五十五分
7. 妈妈早上五点五十分起床，爸爸六点起床。
   问题：妈妈几点起床？
   B. 差十分六点
8. 哥哥早上不吃饭，中午和晚上吃饭。
   问题：哥哥吃不吃早饭？
   B. 不吃早饭
9. 晚上九点弟弟听歌儿，我看电视。
   问题：晚上九点弟弟做什么？
   A. 听歌儿
10. 哥哥和弟弟晚上十一点睡觉，我和妹妹差十分十一点睡觉。
    问题：我和妹妹几点睡觉？
    B. 十点五十

练习 연습문제

1.
① 睡觉 shuì jiào　② 起床 qǐ chuáng
③ 上班 shàng bān　④ 晚上 wǎnshang
⑤ 跑步 pǎo bù　⑥ 开会 kāi huì
⑦ 回家 huí jiā　⑧ 吃饭 chī fàn
⑨ 下班 xià bān

2.
① [21:30] 你几点睡觉？
   → 我晚上九点半睡觉。
② [7:00] 你几点起床？
   → 我早上七点起床。
③ [8:00] 你几点跑步？
   → 我早上八点跑步。
④ [18:00] 你几点下班？
   → 我晚上六点下班。

3.
① 어머니는 아침 6시 30분에 일어납니다.
   妈妈早上六点半起床。
② 당신은 오후 5시 30분에 퇴근합니까 안 합니까?
   你是不是下午五点半下班？
③ 당신의 아버지는 아침 몇 시에 출근합니까?
   你爸爸早上几点上班？

第十四课 多少钱？얼마입니까?

看图学习 그림학습

1. 西瓜多少钱一斤？ 西瓜一块五一斤。
2. 三斤香蕉多少钱？ 三斤香蕉一共九块钱。
3. 五斤西红柿是二十块钱吗？
   是，一共二十块钱。

부록 165

답안

4. 买七斤香蕉，一共多少钱？
   一共二十一块钱。
5. 买五斤西瓜和三斤香蕉，一共多少钱？
   一共十六块五毛钱。

听力 듣기훈련

第一部分
1. B. fēi lái fēi qù
2. A. tóngbān tóngxué
3. B. tǎo jià huán jià
4. B. yòu suān yòu tián
5. A. dōng nuǎn xià liáng
6. B. cóng zǎo dào wǎn

第二部分
1. 一个口红六十五块钱，一个镜子三十块钱。
   问题：口红一个多少钱？
   A. 六十五块钱
2. 一斤苹果五块钱，一斤香蕉三块钱。
   问题：苹果和香蕉哪个贵？
   A. 苹果
3. 奶奶买三斤橘子，一共十八块钱。
   问题：橘子多少钱一斤？
   B. 六块钱
4. 葡萄酒九十块钱，啤酒五块钱，蛋糕七十块钱。
   问题：哪个是七十块钱？
   B. 蛋糕
5. 一个帽子七十块，一双袜子五块。
   问题：买一个帽子、两双袜子一共多少钱？
   B. 八十块钱
6. 香蕉三块五一斤，苹果四块五一斤。
   问题：买两斤香蕉多少钱？
   A. 七元
7. 一本英语词典九十五块，一本汉语书八十八块。
   问题：英语词典和汉语书哪个贵？
   B. 英语词典
8. 妈妈买五斤葡萄，一共三十块钱。
   问题：葡萄一斤多少钱？
   B. 六块钱
9. 奶奶现在买香蕉、梨和橘子。
   问题：奶奶买什么？
   B. 买水果
10. 姐姐买两本词典，一共二十六块钱。
    问题：一本词典多少钱？
    A. 十三块钱

练习 연습문제

1.
① 香蕉 xiāngjiāo   ② 几斤 jǐ jīn
③ 草莓 cǎoméi   ④ 苹果 píngguǒ
⑤ 多少 duōshao   ⑥ 一共 yígòng
⑦ 西瓜 xīguā   ⑧ 梨 lí
⑨ 西红柿 xīhóngshì

2.
① 305元   C. 三百零五块
② 47.5元   B. 四十七块五
③ 2020元   A. 两千零二十块

3.

可乐	蛋糕	西红柿	西瓜
5元	30元	3元	7元

① 买六斤西瓜多少钱？
   买六斤西瓜一共四十二块钱。
② 买三斤西红柿多少钱？
   买三斤西红柿一共九块钱。
③ 买两听可乐和三个蛋糕，一共多少钱？
   一共一百块钱。
④ 买五听可乐和六斤西瓜，一共多少钱？
   一共六十七块钱。
⑤ 买四斤西红柿和一斤西瓜，一共多少钱？
   一共十九块钱。

第十五课 怎么去？ 어떻게 갑니까？

看图学习 그림학습

1. 谁开车去公司？ 爸爸开车去公司。
2. 妈妈怎么去医院？ 妈妈坐公共汽车去医院。
3. 哥哥坐出租车去哪儿？ 哥哥坐出租车去机场。
4. 弟弟去哪儿？怎么去？
   弟弟去学校，他骑自行车去。
5. 爸爸坐地铁去公司吗？ 不，他开车去公司。

听力 듣기훈련
第一部分

1. B. xiōngdì jiěmèi
2. A. chūn xià qiū dōng
3. B. shēngrì kuàilè
4. A. xuéxí jìnbù
5. B. gōngxǐ fācái
6. A. Kǒng Mèng hàoxué

第二部分
1. 弟弟不骑自行车去学校，妹妹骑自行车去学校。
   问题：谁骑自行车去学校？
   A. 妹妹
2. 爸爸坐地铁上班，妈妈坐公共汽车上班。
   问题：妈妈怎么上班？
   B. 公共汽车
3. 哥哥坐出租车去机场，他今天坐飞机去美国。
   问题：哥哥坐什么去美国？
   A. 飞机
4. 哥哥的老师坐火车去北京，哥哥的同事开车去北京。
   问题：哥哥的同事怎么去北京？
   A. 开车去
5. 妈妈今天不坐地铁去公司，坐出租车去公司。
   问题：妈妈今天坐什么去公司？
   B. 出租车
6. 姐姐开车去机场，哥哥坐出租车去医院。
   问题：哥哥去哪儿？
   B. 去医院
7. 妈妈昨天坐地铁上班，今天坐公共汽车上班。
   问题：今天妈妈坐什么上班？
   B. 公共汽车
8. 姐姐早上八点骑自行车去学校，晚上七点骑自行车回家。
   问题：姐姐几点去学校？
   A. 早上八点
9. 哥哥开车去医院看朋友。
   问题：哥哥去哪儿？
   A. 医院
10. 坐公共汽车回家要五块钱，坐地铁回家要七块钱。
    问题：我有五块钱，我怎么回家？
    B. 坐公共汽车回家

练习 연습문제
1.
① 学校 xuéxiào   ② 公司 gōngsī
③ 机场 jīchǎng   ④ 医院 yīyuàn
⑤ 地铁 dìtiě   ⑥ 自行车 zìxíngchē
⑦ 火车 huǒchē   ⑧ 飞机 fēijī
⑨ 出租车 chūzūchē

2.
① 我 <u>骑自行车</u> 去学校。
   저는 자전거를 타고 학교에 갑니다.
② 爸爸 <u>坐出租车</u> 上班。
   아버지는 택시를 타고 출근합니다.
③ 妈妈 <u>坐火车</u> 去北京。
   어머니는 기차를 타고 베이징에 갑니다.
④ 姐姐 <u>坐飞机</u> 去美国。
   언니(누나)는 비행기를 타고 미국에 갑니다.
⑤ 哥哥 <u>开车</u> 回家。
   형(오빠)은 운전해서 귀가합니다.
⑥ 弟弟 <u>坐地铁</u> 去医院。
   남동생은 지하철을 타고 병원에 갑니다.

3.
① 우리 아버지는 운전해서 회사에 갑니다.
   我爸爸开车去公司。
② 우리 언니(누나)는 지하철을 타고 공항에 갑니다.
   我姐姐坐地铁去机场。

第十六课 什么时候回来？언제 돌아옵니까？

看图学习 그림학습
1. 妈妈什么时候出去？ 妈妈白天出去。
2. 爸爸怎么下来？ 爸爸坐车下来。
3. 姐姐几点出来？ 姐姐六点出来。
4. 谁坐飞机过来？ 哥哥坐飞机过来。
5. 哥哥坐什么回去？ 哥哥坐船回去。

听力 듣기훈련
第一部分
1. B. Shénme yìsi
2. A. Qǐng dǎkāi shū
3. B. Wǒmen xià kè ba
4. B. Dàjiā gēn wǒ dú

부록 167

답안

5. A. Yǒu méiyǒu wèntí
6. B. Qǐng shuō màn diǎnr

第二部分

1. 妈妈早上八点上班，下午五点下班回家。
   问题：妈妈什么时候下班？
   A. 下午五点
2. 哥哥明天去韩国，下个星期三回来。
   问题：哥哥什么时候回来？
   B. 下个星期三
3. 姐姐上午出去，晚上回来。
   问题：姐姐什么时候出去？
   A. 上午
4. 妹妹早上八点上去，晚上六点下来。
   问题：妹妹什么时候下来？
   B. 晚上六点
5. 爸爸坐船过去，坐火车回来。
   问题：爸爸怎么回来？
   B. 坐火车回来
6. 妈妈坐晚上六点一刻的飞机去中国。
   问题：妈妈坐几点的飞机去中国？
   B. 六点一刻的飞机
7. 哥哥上午九点回来，弟弟晚上九点回来。
   问题：谁白天回来？
   B. 哥哥
8. 爸爸白天不去公司，晚上去公司。
   问题：爸爸白天在不在公司？
   B. 不在
9. 弟弟跑步上去，走路下来。
   问题：弟弟怎么下来？
   B. 走路下来
10. 爸爸现在在中国，他后天下午回来。
    问题：爸爸今天回不回来？
    B. 不回来

练习 연습문제

1.
① 白天 báitiān
② 早上 zǎoshang
③ 中午 zhōngwǔ
④ 上午 shàngwǔ
⑤ 下午 xiàwǔ
⑥ 回来 huílai
⑦ 上去 shàngqu
⑧ 回去 huíqu
⑨ 晚上 wǎnshang
⑩ 走路 zǒu lù
⑪ 坐车 zuò chē
⑫ 下去 xiàqu

2.
① 我今天早点儿（A. 回去）。
   저는 오늘 일찍 돌아갑니다.
② 你爸爸什么时候（B. 下来）？
   당신의 아버지는 언제 내려옵니까?
③ 大家都（B. 进来）。
   여러분 모두 들어오세요.
④ 你今天不（A. 出去）吗？
   당신은 오늘 나가지 않습니까?

3.
① 그는 낮에 건너와서, 밤에 돌아갑니다.
   他白天过来，晚上回去。
② 어머니는 언제 돌아옵니까?
   妈妈什么时候回来？
③ 당신은 내일 아침 7시에 나갑니까?
   你明天早上七点出去吗？

어휘 색인

A

| 爱 | ài | 사랑하다 | 1과 |

B

八	bā	8, 여덟	10과
爸爸	bàba	아버지	2과
吧	ba	청유 어기조사	16과
白天	báitiān	낮, 대낮	16과
百	bǎi	100, 백	14과
拜拜	bàibai	안녕, bye-bye	9과
半	bàn	반, 절반	13과
报纸	bàozhǐ	신문	3과
杯	bēi	잔	10과
北京	Běijīng	(地) 베이징	11과
本	běn	권	10과
笔	bǐ	붓, 필기구	6과
冰箱	bīngxiāng	냉장고	11과
不客气	bú kèqi	천만에요, 별말씀을요	1과
不谢	bú xiè	천만에요, 별말씀을요	1과
不	bù	아니다	2과
不行	bùxíng	안 된다	12과

C

菜	cài	요리	7과
草莓	cǎoméi	딸기	10과
茶	chá	차	7과
差	chà	부족하다, 모자라다	13과
长	cháng	길다	5과
吃	chī	먹다	4과
出	chū	나다	16과
出来	chūlai	나오다	16과
出去	chūqu	나가다	16과

어휘 색인

出租车	chūzūchē	택시	15과
穿	chuān	입다, 신다	7과
船	chuán	배	16과
床	chuáng	침대	11과
春美	Chūnměi	(名) 하루미	8과
词典	cídiǎn	사전	3과

D

大	dà	크다	5과
大家	dàjiā	모두, 여러분	1과
大卫	Dàwèi	(名) 데이비드	8과
大学	dàxué	대학교	8과
大学生	dàxuéshēng	대학생	2과
蛋糕	dàngāo	케이크	7과
到	dào	…까지	12과
的	de	…의, …의 것	6과
低	dī	낮다	5과
第	dì	제	10과
弟弟	dìdi	남동생	4과
地铁	dìtiě	지하철	15과
点	diǎn	시	13과
电话	diànhuà	전화	5과
电脑	diànnǎo	컴퓨터	6과
电视	diànshì	텔레비전	5과
都	dōu	모두, 다	3과
短	duǎn	짧다	5과
对不起	duìbuqǐ	미안합니다	1과
多	duō	많다	5과
多少	duōshao	얼마, 몇	14과

E

| 二 | èr | 2, 둘 | 10과 |

F

法国	Fǎguó	(地) 프랑스	8과
饭	fàn	밥	4과
放学	fàng xué	하교하다	13과
飞机	fēijī	비행기	15, 16과
分	fēn	분	13과
分	fēn	펀 (화폐 단위)	14과

G

高	gāo	높다	5과
高中生	gāozhōngshēng	고등학생	2과
哥哥	gēge	형, 오빠	2과
歌儿	gēr	노래	7과
个	ge	개, 명 (사람·사물을 세는 단위)	10과
公共汽车	gōnggòng qìchē	버스	15과
公司	gōngsī	회사	2과
贵	guì	비싸다	5과
贵姓	guìxìng	성함, 존함	8과
果汁儿	guǒzhīr	과일 주스	5과
过	guò	건너다	16과
过来	guòlai	건너오다	16과
过去	guòqu	건너가다	16과

H

韩国	Hánguó	(地) 한국	7과
汉堡	hànbǎo	햄버거	4과
汉语	Hànyǔ	중국어	3과
好	hǎo	좋다, 안녕하다	1과
好吃	hǎochī	맛있다	7과
好穿	hǎochuān	입기 쉽다, 신기 쉽다	7과
好喝	hǎohē	(음료가) 맛있다	7과
好看	hǎokàn	보기 좋다, 예쁘다	7과
好买	hǎomǎi	사기 쉽다	7과

어휘 색인

好听	hǎotīng	듣기 좋다	7과
好学	hǎoxué	배우기 쉽다	7과
号	hào	일	12과
喝	hē	마시다	4과
和	hé	…와(과)	12과
很	hěn	매우	5과
红茶	hóngchá	홍차	7과
后边儿	hòubianr	뒤쪽	11과
后年	hòunián	내후년	12과
后天	hòutiān	모레	12, 16과
花朵	huāduo	꽃	6과
坏	huài	나쁘다	5과
回	huí	돌리다	16과
回家	huí jiā	귀가하다	13과
回来	huílai	돌아오다	16과
回去	huíqu	돌아가다	16과
火车	huǒchē	기차	15과

J

机场	jīchǎng	공항	15과
鸡蛋	jīdàn	달걀	5과
几	jǐ	몇	10과
家	jiā	집	9과
加油	jiā yóu	힘 내, 파이팅	9과
件	jiàn	벌	10과
角	jiǎo	자오 (화폐 단위)	14과
叫	jiào	…(이)라고 부르다	8과
姐姐	jiějie	언니, 누나	2과
斤	jīn	근, 500g	10과
今年	jīnnián	올해	12과
今天	jīntiān	오늘	12과
近	jìn	가깝다	5과
进	jìn	들다	16과

进来	jìnlai	들어오다	16과
进去	jìnqu	들어가다	16과
镜子	jìngzi	거울	9과
九	jiǔ	9, 아홉	10과
酒吧	jiǔbā	술집, 바(bar)	9과
橘子	júzi	귤	10과

K

咖啡	kāfēi	커피	3과
开车	kāi chē	운전하다	15과
开会	kāi huì	회의하다	13과
看	kàn	보다	4과
可乐	kělè	콜라	4과
课	kè	과, 과목	10과
刻	kè	15분 (시간을 세는 단위)	13과
空姐	kōngjiě	스튜어디스	2과
空调	kōngtiáo	에어컨	11과
口	kǒu	식구	14과
口红	kǒuhóng	립스틱	6과
快	kuài	빠르다	5과
块	kuài	위안 (화폐 단위)	14과

L

来	lái	오다	4과
老板	lǎobǎn	사장님	2과
姥姥	lǎolao	외할머니	1과
老师	lǎoshī	선생님	1과
姥爷	lǎoye	외할아버지	1과
冷	lěng	차다, 춥다	5과
梨	lí	배	14과
李	Lǐ	(姓) 이, 리	2과
李光	Lǐ Guāng	(名) 리광	8과
李素英	Lǐ Sùyīng	(名) 이소영	8과

부록 173

어휘 색인

里边儿	lǐbianr	안쪽	11과
两	liǎng	2, 둘	10과
零	líng	0, 영	12, 13과
六	liù	6, 여섯	10과

M

妈妈	māma	어머니	2과
吗	ma	의문 어기조사	2과
买	mǎi	사다, 구입하다	4과
慢	màn	느리다	5과
毛	máo	마오 (화폐 단위)	14과
帽子	màozi	모자	6과
没关系	méi guānxi	괜찮다	1과
没事儿	méi shìr	괜찮다	1과
没有	méiyǒu	…이(가) 없다	9과
美国	Měiguó	(地) 미국	8과
妹妹	mèimei	여동생	2과
梦	mèng	꿈, 이상	6과
米饭	mǐfàn	쌀밥	4과
面包	miànbāo	빵	4과
明年	míngnián	내년	12과
明天	míngtiān	내일	12과
名字	míngzi	이름	8과
命运	mìngyùn	운명	6과

N

哪	nǎ	어느	3과
哪个	nǎge	어느 것	3과
哪国	nǎ guó	어느 나라	8과
哪儿	nǎr	어디	11과
哪些	nǎxiē	어떤 것들	3과
那	nà	그, 저, 그것, 저것	2, 3과
那个	nàge	그, 저, 그것, 저것	3과

那儿	nàr	그곳, 저곳	11과
那些	nàxiē	그것들, 저것들	3과
奶奶	nǎinai	할머니	4과
呢	ne	의문 어기조사	11과
你	nǐ	너, 당신	1과
你们	nǐmen	너희들, 당신들	1과
年	nián	년, 해	12과
您	nín	'你'의 존칭표현	1과
牛奶	niúnǎi	우유	3과

P

旁边儿	pángbiānr	옆쪽	11과
跑步	pǎo bù	달리기를 하다	13과
朋友	péngyou	친구	8과
啤酒	píjiǔ	맥주	9, 10과
皮鞋	píxié	구두	6과
便宜	piányi	싸다	5과
漂亮	piàoliang	예쁘다	9과
瓶	píng	병	10과
苹果	píngguǒ	사과	5과
平日	píngrì	평일	12과
葡萄	pútao	포도	10과
葡萄酒	pútaojiǔ	포도주	7과

Q

七	qī	7, 일곱	10과
骑	qí	올라타다	15과
起床	qǐ chuáng	기상하다	13과
千	qiān	1000, 천	14과
钱	qián	돈	14과
前边儿	qiánbianr	앞쪽	11과
前年	qiánnián	재작년	12과
前天	qiántiān	그저께	12과

어휘 색인

去	qù	가다	4, 15과
去年	qùnián	작년	12과

R

热	rè	뜨겁다, 덥다	5과
人	rén	사람, 인간	8과
人民币	Rénmínbì	인민폐	14과
日本	Rìběn	(地) 일본	8과

S

三	sān	3, 셋	10과
沙发	shāfā	소파	11과
山	shān	산	16과
上	shàng	가다, 오르다	13, 16과
上班	shàng bān	출근하다	13과
上边儿	shàngbianr	위쪽	11과
上车	shàng chē	승차하다	13과
上(个)星期	shàng (ge) xīngqī	지난주	12과
上(个)月	shàng (ge) yuè	지난달	12과
上课	shàng kè	수업하다	13과
上来	shànglai	올라오다	16과
上去	shàngqu	올라가다	16과
上山	shàng shān	등산하다	13과
上网	shàng wǎng	인터넷을 하다	13과
上午	shàngwǔ	오전	13과
上学	shàng xué	등교하다	13과
少	shǎo	적다	5과
谁	shéi	누구	2과
什么	shénme	무엇	3과
什么时候	shénme shíhou	언제	16과
生日	shēngrì	생일	12과
十	shí	10, 열	10과
是	shì	…이다	2과

是	shì	예, 그렇습니다	3과
手表	shǒubiǎo	손목시계	3과
手机	shǒujī	휴대폰	3과
书	shū	책	3과
书包	shūbāo	책가방	6과
书桌	shūzhuō	책상	11과
双	shuāng	켤레	10과
水	shuǐ	물	4과
水果	shuǐguǒ	과일	4과
睡觉	shuì jiào	잠자다	13과
四	sì	4, 넷	10과
岁	suì	살, 세 (나이를 세는 단위)	12과

T

他	tā	그	2과
她	tā	그녀	2과
它	tā	그것	1과
他们	tāmen	그들	1과
她们	tāmen	그녀들	1과
它们	tāmen	그것들	1과
太阳	tàiyáng	태양	6과
天使	tiānshǐ	천사	6과
听	tīng	듣다	7과
听	tīng	캔, 깡통	10과
同事	tóngshì	동료	8과
同学	tóngxué	학우, 동급생	8과

U

| U盘 | U pán | USB | 9과 |

W

| 袜子 | wàzi | 양말 | 6과 |
| 外边儿 | wàibianr | 바깥쪽 | 11과 |

어휘 색인

晚	wǎn	늦다	5과
晚上	wǎnshang	저녁	13과
万	wàn	10000, 만	14과
王	Wáng	(姓) 왕	8과
王虹	Wáng Hóng	(名) 왕훙	8과
我	wǒ	나, 저	1, 2과
我们	wǒmen	우리들, 저희들	1과
五	wǔ	5, 다섯	10과
午饭	wǔfàn	점심밥	13과

X

西瓜	xīguā	수박	5과
西红柿	xīhóngshì	토마토	14과
下	xià	내려가다	16과
下班	xià bān	퇴근하다	13과
下边儿	xiàbianr	아래쪽	11과
下车	xià chē	하차하다	13과
下(个)星期	xià (ge) xīngqī	다음 주	12과
下(个)月	xià (ge) yuè	다음 달	12과
下课	xià kè	수업이 끝나다	12과
下来	xiàlai	내려오다	16과
下去	xiàqu	내려가다	16과
下山	xià shān	하산하다	13과
下午	xiàwǔ	오후	13과
下周	xià zhōu	다음 주	12과
先生	xiānsheng	선생, 남편	2과
现在	xiànzài	지금	13과
香蕉	xiāngjiāo	바나나	14과
相机	xiàngjī	카메라	9과
小	xiǎo	작다	5과
小狗	xiǎo gǒu	강아지	9과
小猫	xiǎo māo	고양이, 새끼 고양이	9과

谢谢	xièxie	감사합니다, 고맙습니다	1과
星期	xīngqī	주, 요일	12과
星期六	xīngqīliù	토요일	12과
星期日	xīngqīrì	일요일	12과
星期三	xīngqīsān	수요일	12과
星期天	xīngqītiān	일요일	12과
星期五	xīngqīwǔ	금요일	12과
星期一	xīngqīyī	월요일	12과
姓	xìng	성이 …이다	8과
幸福	xìngfú	행복	6과
学生	xuésheng	학생	14과
学校	xuéxiào	학교	6, 15과

Y

眼镜	yǎnjìng	안경	9과
要	yào	원하다	10과
爷爷	yéye	할아버지	4과
也	yě	…도, 또한	3과
一	yī	1, 하나	10과
亿	yì	10000000, 억	14과
衣服	yīfu	옷, 의복	4과
医生	yīshēng	의사	2과
医院	yīyuàn	병원	15과
一共	yígòng	모두, 합계	14과
椅子	yǐzi	의자	11과
(一)点儿	(yì)diǎnr	조금	16과
印度	Yìndù	(地) 인도	8과
英国	Yīngguó	(地) 영국	8과
英语	Yīngyǔ	영어	8과
有	yǒu	…이(가) 있다	9과
右边儿	yòubianr	오른쪽, 우측	11과
元	yuán	위안 (화폐 단위)	14과

어휘 색인

圆	yuán	위안 (화폐 단위)	14과
远	yuǎn	멀다	5과
月	yuè	월	12과
运动鞋	yùndòngxié	운동화	7과

Z

在	zài	…에 있다	11과
再见	zàijiàn	또 뵙겠습니다, 안녕히 가십시오	1과
早	zǎo	이르다, 일찍	5, 16과
早饭	zǎofàn	아침밥	13과
早上	zǎoshang	아침	13과
怎么	zěnme	어떻게	15과
这	zhè	이, 이것	3과
这个	zhège	이, 이것	3과
这(个)星期	zhè (ge) xīngqī	이번 주	12과
这(个)月	zhè (ge) yuè	이번 달	12과
这儿	zhèr	여기	11과
这些	zhèxiē	이것들	3과
职员	zhíyuán	직원	2과
中国	Zhōngguó	(地) 중국	7과
中午	zhōngwǔ	정오	13과
周三	zhōusān	수요일	12과
周四	zhōusì	목요일	12과
周末	zhōumò	주말	12과
桌子	zhuōzi	탁자	11과
自行车	zìxíngchē	자전거	9과
走路	zǒu lù	걷다	16과
昨天	zuótiān	어제	12과
左边儿	zuǒbianr	왼쪽, 좌측	11과
做	zuò	하다	13과
坐	zuò	앉다, 타다	15과